Rico $em Dinheiro

A arte de desfrutar o melhor da vida

Rico $em Dinheiro

A arte de desfrutar o melhor da vida

Alexander von Schönburg

TRADUÇÃO DE
Claudia Abeling

Editora Gente

Editora
Rosely M. Boschini

Assistente editorial
Rosângela Barbosa

Produção
Marcelo S. Almeida

Capa
Guilherme Xavier

Projeto gráfico
Neide Siqueira

Copidesque
Editora Gente

Preparação
Denise Ceron

Revisão
Valquíria Della Pozza

Editoração eletrônica
Join Bureau

Originalmente publicado sob o título
Die kunst des stilvollen verarmens

Rua Pedro Soares de Almeida, 114
São Paulo, SP - CEP 05029-030
Telefone: (11) 3670-2500
Site: http://www.editoragente.com.br
E-mail: gente@editoragente.com.br

Dados Internacionais de Catalogação na Publicação (CIP)
(Câmara Brasileira do Livro, SP, Brasil)

Schönburg, Alexander von
Rico sem dinheiro: A arte de desfrutar o melhor da vida / Alexander von Schönburg; tradução de Claudia Abeling – São Paulo: Editora Gente, 2007.

Título original : Die Kunst des stilvollen Verarmens.
ISBN 978-85-7312-545-0

1. Conduta de vida 2. Estilos de vida 3. Felicidade 4. Finanças 4. Finanças pessoais 5. Pobreza 6. Simplicidade I. Título.

07-2101 CDD-362.5

Índices para catálogo sistemático:

1. Pobreza e estilo de vida: Problemas sociais 362.5

Sumário

Parte I

"Na vida, é melhor se acostumar com as perdas.
Evita-se muita tristeza."
HELMUT BERGER

O início de tudo

A necessidade de economizar

Na época em que ainda se falava em *boom* da economia, eu tinha um belo escritório, cartões de visita no bolso que me apresentavam como funcionário de uma das mais respeitáveis empresas de mídia do país e, graças ao Direito Trabalhista, a perspectiva de me casar com meu emprego depois de determinado período. Meticulosamente arquivado em algum lugar na estante de livros de casa havia um contrato de trabalho que previa ótimos aumentos de salário anualmente. Se tudo continuasse dessa maneira — paulatinamente, mas sem sombra de dúvida —, eu teria ficado rico. Todas as preocupações com meu futuro, que eu desconhecia até então, tinham sido assumidas pelo meu empregador, pois o que a empresa pagava em meu nome para a previdência social, o fundo de garantia, a previdência privada e a assistência médica era quase equivalente ao meu salário.

As coisas mudaram, e foi por causa de um freio de emergência. Ele foi acionado por meu empregador depois que Osama bin Laden alterou o curso da história em Nova York, e a empresa na qual eu trabalhava percebeu que não eram viáveis os imensos investimentos em novo *capital humano*, feitos com a esperança um pouco ingênua — vista em retrospecto —, mas naquela época largamente disseminada, de que os anos dourados do final da década de 1990 durariam para sempre. A parada brusca atirou do convés todos aqueles que tinham sido agregados nos dois anos anteriores.

Na época de minha efetivação, o jornal para o qual eu trabalhava estava tão carregado de anúncios que o entregador não conseguia mais passá-lo pela fenda da caixa do correio nos fins de semana. Os leitores interessados na seção de empregos do sábado tinham de descartar primeiro uma quantidade de cadernos de anúncios que, por ano, devia derrubar toda uma floresta de porte médio e seu transporte consumia a energia fóssil que tinha sido formada em muitos milhares de anos. E as editoras estavam convencidas de que as coisas ficariam sempre assim. Todos tinham medo de perder sua chance. Do presidente da companhia para baixo, até o aposentado que assaltava sua caderneta de poupança para aplicar na Bolsa, todos tinham medo apenas de que o *boom* pudesse acontecer sem eles. As empresas partiam para investimentos, os cidadãos, para o consumo e para a compra de "ações do povo".*

Tudo isso terminou naturalmente em uma terrível ressaca, e não é preciso explicar que os empregados dos se-

* *Volksaktien*: ações que foram lançadas na Alemanha no curso da privatização do patrimônio público e oferecidas ao público em geral ("ao povo") com condições especiais. (N. T.)

tores de mídia foram os primeiros a sentir as mudanças. O primeiro corte que as empresas fazem quando a receita diminui é nos anúncios. A diminuição do orçamento de publicidade economiza milhões sem crueldade social, sem grandes esforços de gerenciamento técnico e, o mais importante, seu efeito é imediato. As primeiras vítimas do massacre da ceifadeira no mercado de trabalho dos mais bem pagos fomos nós, que tínhamos sido recrutados para um suplemento diferenciado de um jornal conservador.

Foi muito difícil manter uma pequena família. Isso só é possível quando se dispõe de um salário fixo. Mesmo assim, tentei compreender a atitude da empresa na qual trabalhava — afinal, era evidente que uma empresa em tempos como aqueles não podia admitir novos funcionários. Assim, encarei minha demissão com bom humor, firmemente convicto de que esse poderia ser um dos momentos da vida em que seria preciso manter as aparências. Nas últimas semanas de minha existência como empregado, eu chegava ao escritório escancaradamente feliz e me esforçava para não demonstrar nenhum tipo de desolação. Passei a usar gravata todos os dias, coisa que somente alguns colegas mais velhos faziam. E, quando pisei pela última vez na redação — era um dia de outono excepcionalmente ensolarado —, eliminei do escritório até as menores pistas de meu tempo por lá, dei a planta para a secretária-chefe cuidar e em seguida passei de sala em sala me despedindo com o comentário de que tinha deixado o escritório "impecável".

Entre nós, demitidos, prevalecia a opinião de que tínhamos sido tratados de modo "indigno" — contratados como a cereja do bolo e, em seguida, como as coisas não andavam como o previsto, imediatamente descartados.

Embora tenha sido (e continue sendo) minha primeira demissão e, desse modo, eu não pudesse fazer muitas comparações com experiências próprias, não conseguia achar que tinha sido tratado com especial indignidade. Demissões "humanamente indignas" são diferentes. Nos países regidos pelo neoliberalismo — na Grã-Bretanha, por exemplo —, não há normas que prescrevam como os funcionários devem ser informados de sua demissão. Certa seguradora londrina informou seus colaboradores da demissão por meio de mensagens SMS. Outra empresa fez uso de uma variante ainda mais extravagante, muito eficiente, de redução de pessoal: acionou o alarme de incêndio para que os funcionários se reunissem em frente ao edifício. Mais tarde, aquele *chip* do crachá dos funcionários foi desativado e eles não conseguiram mais entrar. Um banco de investimentos estadunidense organizou um sorteio entre seus funcionários em Londres: quem puxasse o zero estaria demitido.

É evidente que ser despedido nunca é agradável, mas, se há maneiras simpáticas de se demitir, a minha dispensa está entre as mais civilizadas. Eu estava no andar da direção, sentado numa poltrona macia, preta, e meu superior me garantia quanto a empresa estava perdendo com minha saída. Nas semanas seguintes, meus colegas que tinham sido poupados me trataram como se eu tivesse uma doença incurável, tamanho o cuidado ao aproximar-se de mim. Desde então, mesmo fora do círculo dos colegas, fui confrontado com uma empatia surpreendente. Na festa de verão do presidente — um dos últimos eventos de que pude participar representando o jornal e no qual tive a oportunidade de me entupir de comida — até o prefeito em exercício, que até então nunca tinha me honrado com um olhar, veio de longe para dar suas condolências.

Todos os que passeavam por Berlim de olhos abertos naquela época sabiam que outras ondas de demissão viriam em seguida. Nas janelas dos belíssimos palácios de vidro, projetados por grandes arquitetos e erguidos com entusiasmo nos anos 1990, viam-se muitas placas com o anúncio: "Alugam-se escritórios". Em letras um pouco menores, era comum ler a observação: "Condições especiais". Rapidamente se soube quais eram essas condições: alguns locatários tinham tanta dificuldade em preencher seus edifícios vazios com vida que estavam colocando salas à disposição de empreendedores falidos. No principal período do comércio, enquanto em cidades vizinhas compradores ávidos andavam apressados com grandes pacotes, a lendária rua Friedrichstraße — que era comparada a agitadas avenidas, como a Bond Street em Londres ou a Faubourg St. Honoré em Paris, com joalheiros, hotéis de luxo, alfaiates e butiques luxuosas brigando pelos melhores pontos — estava às moscas. Freqüentemente as vendedoras das lojas Chanel, Hermès ou Louis Vuitton ficavam sem atender nenhum cliente e, quando enfim alguém entrava — um russo qualquer, que estava perdido —, elas ficavam tão espantadas que dava para enxergar dentro de sua boca aberta o precipício da crise econômica que se formava. Pelo preço que companhias como a Volkswagen ou o Deutsche Bank asseguraram os melhores pontos no bulevar Unter der Linden e na Friedrichstraße no início dos anos 1990, era possível agora arrematar meia cidade.

Também era bastante evidente que algo estava errado na previdência social, pois era espantoso um homem jovem, saudável e profissional formado ser classificado como carente. De qualquer maneira, daquele momento em diante grande parte do meu salário continuou a ser paga pelo

Estado e, depois de determinado tempo, eu teria direito a subsídios regulares, baseados em meu último e relativamente gordo salário. Como alternativa era possível alegar ser um trabalhador autônomo e receber mensalmente o mesmo que um piloto indiano ganha por ano.

Achei realmente interessante o caso de uma conhecida que foi demitida quase na mesma época que eu. Ela era redatora numa emissora de TV e, embora fosse filha do presidente de um conglomerado, achava natural receber o seguro-desemprego depois de sua demissão. Com seu BMW 5er, presente de papai, ela ia até Grünwald, aquela cidade-satélite de Munique só para ricaços, para chorar seu destino cruel no palacete dos pais. Ela recebeu o dinheiro do seguro com a consciência limpíssima, porque, como me explicou, "tinha direito a ele", e o que é de direito não pode ser errado.

Mas eu também recebi dinheiro do seguro-desemprego, uma soma até considerável, que me fez acreditar ser possível começar a nova fase de minha vida como pai de família desempregado depois de uma longa viagem. Ao voltar, encontrei no alto da pilha de correspondências um impresso do Ministério do Trabalho: como eu não tinha me apresentado até determinada data, os pagamentos estavam suspensos; mas eu tinha direito a entrar com um recurso. Entretanto, resolvi abrir mão do benefício.

É incrível o fato de vivermos num país que "promete prosperidade a quatro quintos de sua população", como diz o filósofo alemão Peter Sloterdijk. Mas a questão é se a famosa estabilidade da Alemanha se manterá caso a calda adocicada das transferências de recursos estatais e subvenções não escorra mais da mesma maneira, deixando de cobrir todos os desequilíbrios sociais, como previsto pelo *êthos* criador da ideologia "prosperidade para todos" de Erhard.* A maioria dos especialistas, incluindo infelizmente os sérios, acredita que as demissões em massa de hoje são apenas o prenúncio de algo maior. Em 2005 foram contabilizadas cerca de 100 mil novas falências de empresas e de pessoas físicas, e a transferência de indústrias para países com salários mais baixos continuou acontecendo, cada vez mais rápido. Na Alemanha, de acordo com previsões cautelosas, até 2010 um quarto dos postos de trabalho na indústria e um terço dos postos do varejo sumirão do mapa. Juntem-se a isso as ondas de fusões que vêm se formando. Há mais de 400 mil bancários na Alemanha. Quantos se manterão no emprego quando a quantidade de bancos for reduzida pela metade? Além disso, a pressão da globalização sobre a estrutura salarial do país se tornará tão intensa que mesmo aqueles que não forem demitidos não conseguirão manter seu padrão de vida atual.

No dia em que o último barril de petróleo for usado, o capitalismo entrará em colapso, disse Max Weber em sua famosa conversa com o economista Werner Sombart. A maioria de nós irá presenciar esse dia. Em 2004, Colin Campbell, considerado uma autoridade incontestável na avaliação das reservas de petróleo, declarou: "Parece que no ano que vem teremos alcançado o ápice". Esse ponto extremo, que Campbell há pouco ainda considerava por volta de 2010 e que fazia dele um pessimista, é "um ponto nevrálgico para a economia mundial". A partir daí, ela entra na reserva do tanque, por assim dizer. E isso numa situação de consumo que não pára de crescer.

---

* Ludwig Erhard, primeiro ministro da Economia e segundo chanceler da República Federal da Alemanha, tornou-se o símbolo do milagre econômico do país nos anos 1950, pregando a economia social de mercado. (N. T.)

Se é verdade que o atual aumento dos preços do petróleo é apenas o tiro de largada para o rali final antes do esgotamento das fontes de combustível fóssil, estamos numa mudança de tempos, e a próxima crise econômica mundial fará com que a de 1929 se pareça com uma festinha de criança. Em breve, ao olhar para trás, vamos enxergar os anos das despreocupadas compras de Natal, das máquinas de lavar que eram ligadas para dar conta de dois pares de meia, das segundas casas, dos terceiros carros e das viagens de fim de semana como uma época totalmente irreal, longínqua. Os preços de energia elétrica, aquecimento, água, transporte e, em conseqüência, de todas as contas e orçamentos irão explodir, e mesmo a reciclagem consciente do copinho de iogurte ou a utilização de lâmpadas de baixo consumo não surtirão nenhum efeito. Na verdade, a estabilidade da economia só pode ser comparada com a dos casamentos de Joschka Fischer.*

Vamos encarar a verdade: os anos gordos acabaram. Isso, entretanto, tem um lado positivo para os que foram afetados: durante décadas o capitalismo pregou que a pobreza era algo vergonhoso. A pobreza significava: "Ele não conseguiu", aquele idiota, aquele preguiçoso. Mas o lema do capitalismo, repetido constantemente — "Qualquer um consegue!" —, revelou-se insustentável. Afinal, nem todos conseguem! Carreiras desandam, há vencedores e vencidos, e os vencidos tornam-se cada vez mais numerosos. Hoje em dia, quem empobrece não precisa achar que seu fracasso é pessoal — o empobrecimento é parte de um processo muito maior, independentemente, muitas vezes, das ações indivi-

* Eminente político alemão, ministro das Relações Exteriores e vice-chanceler entre 1998 e 2005, casado cinco vezes. (N. T.)

duais. Assim, seu destino recebe uma dimensão histórica, que pode servir de consolo.

É muito mais suportável cair com toda uma época, uma camada social, do que fracassar sozinho. Isso explica a serenidade e a falta de sentimentalismo com que muitos dos que foram expulsos de seus castelos e propriedades em 1945 se conformaram com a nova situação. Certa vez, um velho conde me disse naquele engraçado e sussurrante dialeto dos bálticos: "Propriedade, meu caro, a propriedade é acaso. Perdemos tudo, mas em compensação nos espalhamos no mundo. Paris, Madri, América do Sul. A província na Estônia bem que era monótona depois de um tempo".

Posso falar por experiência própria: um empobrecimento relativo, ligado a uma boa postura, pode ser até uma vantagem. Minha família vem empobrecendo há muitos séculos, por isso acho natural ajudar distribuindo alguns conselhos de como empobrecer e, apesar disso, sentir-se rico.

A ascensão da minha família tem origens remotas. No passado, meus ancestrais construíram belos castelos. O primeiro, Schönburg, está desde o século X em Saale, na Turíngia. No tempo do imperador Barbarossa, na metade do século XII, a família se espalhou pela região de vales conhecida como Muldenland e construiu a nova sede em Glauchau. O fosso desse castelo não foi preenchido com água, como o dos castelos ordinários; era protegido por ursos marrons. Até o século XVIII minha família dominou o atual sudoeste da Saxônia. Os Wettiner, que nesse meio-tempo tinham se tornado príncipes-eleitores (tinham a função de eleger o rei da Alemanha), passaram gerações tentando brigar com meus ancestrais pela primazia em Muldenland. E, quanto mais poderosos se tornavam, mais conseguiam.

Em 1803, o reino da Saxônia engoliu o território de minha família definitivamente. Embora ainda demorasse mais 150 anos para os comunistas escorraçarem minha família de seus castelos, entre eles Wechselburg, onde meu pai passou a infância e em cujo jardim infinito o vale faz uma bela curva, a base do poder e da riqueza de minha família já tinha se evaporado. A desapropriação para a zona de ocupação russa foi apenas o final lógico de um processo que se desenrolava havia tempo: a decadência de uma dinastia pequena e independente até a condição de "sem-teto". Mas o que essa dinastia aprendeu — suportar perdas — revelou-se mais tarde uma vantagem.

Tanto meu pai quanto minha mãe podem ser considerados empobrecidos altamente qualificados. Ambos dividiram o destino de refugiados como milhares de sua geração. Meu pai, aos 16 anos, levou a mãe e cinco irmãos menores para a Alemanha Ocidental e depois retornou ao Muldenland, porque não acreditava que devesse temer os ocupantes russos. No fim das contas, o que o livrou da cadeia foi novamente fugir para o lado ocidental. Aliás, são interessantes as prioridades que ele elencou para decidir o que salvar do castelo dos pais. Em vez de jóias ou talheres de prata, a primeira coisa que ele salvou foram os chifres de sua primeira caça, um pequeno bode, que ele abateu ao lado do pai.

Minha mãe fugiu da Hungria para o lado ocidental em 1951, aos 21 anos, na pior época da era stalinista. Quando saiu da água no lado austríaco do lago Neusiedler, repleto de sanguessugas, ela não perdeu nada — pelo menos, nada de material — da Hungria, pois havia tempos que já não tinha nada. Até um trabalho como faxineira, ao qual ela tinha se candidatado, lhe fora negado, já que era considerada "inimiga de classe".

Meus pais se casaram em meio ao milagre econômico alemão, sem possuir mais do que o estritamente necessário. Eles foram morar num apartamento minúsculo em Tempelhof, um bairro operário de Berlim, onde nasceu Maya, minha irmã mais velha. Em seguida, mudaram-se para Stuttgart, onde nasceu minha irmã Gloria, e finalmente meu pai assumiu o trabalho de correspondente na África da emissora de TV alemã Deutsche Welle. Minha família viveu na África até o fim dos anos 1960, primeiro em Lomé (Togo), onde nasceu meu irmão mais velho, depois em Mogadíscio (Somália), lugares onde o modesto salário de um correspondente da Deutsche Welle permitia uma vida de príncipe.

Quando vim ao mundo, em Mogadíscio, no ano da chegada do homem à Lua, a Somália entrou em revolução e meus pais foram obrigados a voltar à Alemanha. Dessa maneira, terminara para eles — pelo menos do ponto de vista financeiro — o despreocupado capítulo africano. Eles voltaram a tomar pé na Alemanha, mas durante minha infância não percebi muito o bem-estar que reinava no país. O estilo de vida de meus pais era extremamente econômico. Enquanto as geladeiras de meus colegas estavam abarrotadas de delícias e cada criança parecia ter o direito básico a uma provisão de creme de avelã Nutella, na geladeira de minha casa (ao menos é o que me lembro) havia pouco mais que uma garrafa de leite; além disso, durante toda a minha infância nas refeições sempre havia apenas batatas assadas com ovos fritos. Só conhecia regalias como "viagem de férias" ou "mesada" pelos relatos de meus amigos da escola. Mas a decoração de nossa casa sempre era visivelmente de mais bom gosto do que a da casa de meus amigos ricos. Para isso, minha mãe tinha de lançar mão de truques e aplicar a arte dos *noveaux-pauvres-chics* (novos pobres chiques):

tecidos pregados em estantes de madeira compensada, móveis escondidos por almofadas e belas mantas. Enquanto todos os outros a nossa volta se gabavam com símbolos de *status*, meus pais aperfeiçoavam a arte da economia. Via de regra meu pai vestia um casaco remendado várias vezes e, para resguardar suas calças de tecido, usava as de couro. Eu basicamente herdava as roupas de meu irmão ou de primos. Não existia o ritual da mamãe que sai com seus filhinhos para comprar roupas bonitas.

Além de ser correspondente da TV Deutsche Welle, meu pai trabalhava com ajuda humanitária, era ecologista e, no final da vida, foi deputado no Parlamento alemão. Mas o sentido e a razão primordial de sua existência foram a floresta e a caça. Por essa razão, minhas lembranças da infância são geladas e úmidas; passei a infância usando uma capa de chuva amarela, gritando "Upa, upa, upa" nas caçadas com meu pai e sentado ao lado dele no observatório de árvores, onde eram proibidos quaisquer movimentos e até mesmo o menor ruído — eu só podia respirar baixinho. Meu pai sempre teve carro barato. Seu Lada, suas calças de couro e suas camisas surradas me constrangiam terrivelmente. Só hoje percebo que seu estilo era pensado. Quando me recordo dele e da maneira como entrava no Parlamento, com seu velho terno escuro, posso afirmar que sua imagem era bem melhor do que a de alguns de seus colegas cuidadosamente arrumados.

A mania de economizar de meus pais, agora sei, não fazia parte apenas de um princípio prático, mas principalmente de um princípio estético. No livro *A arte cavalheiresca do arqueiro zen* [de Eugen Herrigel — 19. ed., São Paulo: Pensamento, 1997], Aisaku Suzuki descreve o ideal *wabi-sabi* dos samurais, que valoriza a beleza do simples e a estética da economia. O samurai tinha horror ao excesso principalmente por causa de sua feiúra — e porque o supérfluo é "desprovido de sentimento". Meus pais personificaram a variante européia do *wabi*. Na opinião de meu pai, um bule de chá tornava-se realmente belo quando estava lascado ou já tinha sido colado alguma vez, e ele passava a gostar de vestir um casaco apenas quando, para os outros, este já havia perdido o valor.

Quando minha irmã mais velha se casou com o príncipe Thurn und Taxis, nossa vida só não saiu dos trilhos porque estávamos muito familiarizados com o papel de parentes pobres de gente muito rica. Desde o pós-guerra, minha família esteve constantemente próxima de parentes ricos. Depois de sua fuga, minha avó e seus filhos pequenos encontraram abrigo junto à irmã de meu avô, que tinha se casado com o príncipe Maximilian von Fürstenberg, um dos mais ricos proprietários de terras da Europa. Com uma generosidade incomum mesmo para aquela época, ele colocou à disposição de vovó uma parte de seu castelo Heiligenberg no lago de Constança, onde ela morava com seus oito filhos. Vovó foi morar conosco apenas muito mais tarde, quando meus pais tinham uma casa. Meus irmãos e eu passamos metade de nossa infância nos castelos e florestas de parentes muito ricos. Mesmo assim, fomos educados a não confundir nossa vida com a dos outros. Certa vez ousei pedir um refrigerante ou algo parecido para um criado e fui severamente repreendido, porque crianças não devem pedir nada a criados.

Dessa maneira, a convivência entre pobres e ricos era algo normalíssimo para mim. Mas sempre havia uma fronteira entre os com posses e os sem posses. Mesmo se for verdade que as caçadas e as grandes festas promovidas pela nobreza sempre são muito misturadas, parentes pobres só são bem-vistos em raríssimos casos. O exemplo secreto dos poucos nobres que se mantiveram ricos é o daquele barão da Vestfália que, depois da guerra, ordenou a derrubada de uma ala de seu castelo a fim de se proteger da aglomeração de familiares que iam atrás de algo para comer. A geração dos chefes dos clãs, para a qual era comum ajudar regularmente com dinheiro ramos inteiros da família e parentes necessitados, acabou faz tempo; seus filhos terminaram com essa prática, o que não lhes rendeu muitos amigos entre os parentes pobres.

A mistura entre ricos e pobres na nobreza torna-se cada vez mais difícil porque cada vez menos parentes ricos mantêm grandes residências com empregados, e visitas prolongadas da família nem são mais consideradas. Acabaram-se os tempos em que se chegava para o café e ficava-se por trinta anos. Mesmo as ricas famílias de príncipes, que há vinte anos ainda usavam todo um castelo como moradia, mudaram-se há dez para uma pequena ala e hoje ocupam a casinha do parque, muito mais prática. Todos levam uma vida moderna; por causa disso, o mundo dos ricos e o dos pobres ficaram ainda mais distantes. Noventa por cento dos nobres moram em imóveis alugados ou, no melhor dos casos, em casas geminadas na província, temem por seu emprego (se ainda estiverem empregados) e possuem um carro de segunda mão. Quando fui demitido, um colega me disse: "Mas você não precisa se preocupar!", como se alguém, por carregar um "von" no nome, dispusesse de latifúndios na outra margem do Volga, para onde pudesse se retirar. A nobreza alemã, com exceção de um punhado de grandes proprietários de terras, chegou faz tempo à realidade social do país.

Exercitei-me em caminhar pelas fronteiras entre o mundo da pobreza constrangida e o da riqueza desaforada porque o falecido marido de minha irmã, príncipe Johannes von Thurn und Taxis, gostava que eu, quando jovem, me juntasse a seu cortejo. Assim tive de dar conta de um dia estar sentado ao lado de príncipes do petróleo e marajás e, na manhã seguinte, ir novamente à escola, à faculdade ou me virar como jornalista *freelance*. Tive de lutar por toda minha vida com o contraste de realidades, viver como os garçons de luxuosos restaurantes, que ficam o tempo todo entre a ostentação e a orgia e, depois do expediente, voltam para seus apartamentos de dois cômodos com torneiras pingando.

Como reação à economia dos meus pais e para imitar o luxo que tinha observado, desenvolvi, por exemplo, uma paixão por viagens de primeira classe. Quando me levava à estação de trem em Munique, minha mãe me via entrando nos vagões da segunda classe. Mas, assim que não a avistava mais, eu ia para a primeira classe. Eu tinha de manter essa predileção em segredo, senão viraria piada na família. Quando encontrou entre minhas coisas a conta da encomenda de um papel de carta caro de fina gráfica em Munique, minha mãe achou que se tratava de um engano. E, quando descobriu — por meio de uma das minhas primas que trabalhava no "Brenner's Park Hotel" em Baden-Baden — que eu tinha me hospedado uma noite lá, ela teve certeza de que eu tinha sido confundido.

Depois que cortei o cordão umbilical com a casa dos meus pais e fui morar com amigos numa república em Londres, tinha um salário até muito bom, mas gastava tudo muito antes de receber o pagamento novamente. Apesar disso, o dinheiro continuava surgindo milagrosamente do caixa eletrônico, assim como a energia elétrica da tomada e a água da torneira. Apenas quando percebi que não conseguia sair de nenhum posto de gasolina e de nenhum quiosque da estação de trem sem ter uma porção de comprinhas nas mãos, que deixava a água correr ao escovar os dentes porque o barulho simplesmente fazia parte da cena e que não me abaixava mais para pegar as moedas que caíam de meu bolso para debaixo do assento do carro, comecei a entender que meu vício de desperdício era um protesto idiota contra a rígida economia de meus pais. Aos poucos fui entendendo que a arte de abrir mão, que meus pais tinham aperfeiçoado, era muito superior a qualquer vício de desperdício não apenas por motivos estéticos, mas principalmente por um motivo prático: a otimização do prazer.

O descobridor desse princípio foi o filósofo grego Epicuro: evite o vício pelo prazer, não porque os prazeres dos sentidos são maus, mas por causa da ressaca que vem depois da dose excessiva. Para Epicuro, a abstenção temporária leva ao aumento da capacidade de sentir prazer. Quem sempre se farta logo deixa de aproveitar as comidas mais saborosas. Em administração, chamamos isso de "taxa de utilização decrescente": a partir de determinado ponto, a oferta extra não faz mais diferença.

Numa sociedade consumista, as pessoas são freqüentemente enganadas. A economia sempre tentou nos aplicar uma refinada lavagem cerebral para nos convencer de que a felicidade pode ser comprada. Isso se revelou falso. Por meio de inúmeras ofertas de conceitos e sistemas que proporcionam o bem-estar e a satisfação total das pessoas, a indústria do supérfluo ainda tenta desviar nossa atenção, mas não dá mais para negar: precisamos de uma nova definição de luxo! Uma vida plena não depende de juntar muito dinheiro e muitas coisas; só é possível conquistá-la por atitudes corretas.

A capacidade de renunciar a tudo aquilo que é desejado pelas pessoas, a independência de não se julgar pelo estilo de vida dos outros e a convicção de que a decadência econômica não precisa ser uma desgraça absoluta talvez tragam a oportunidade para o aperfeiçoamento das formas de vida. Segundo o escritor suíço Max Frisch, a crise é um estado extraordinariamente produtivo; é preciso apenas tirar-lhe o sabor residual das catástrofes.

No tempo da homogeneização total, a crise pode ser uma chance de darmos pequenas estocadas na uniformização, mesmo que seja apenas para não cairmos em todos os truques de *marketing*. O fato de grandes redes de lanchonetes tentarem nos obrigar a comer um sanduíche "Super Grande Supremo" está longe de ser um motivo para simplesmente pedirmos um lanche gigante. Se um departamento de *marketing* qualquer tivesse tido a idéia bizarra de batizar um tamanho de garrafa de refrigerante de "super-hiper-mega", precisaríamos chamá-lo assim também?

Só enriqueceremos sem dinheiro se checarmos todas as nossas necessidades. Para citar apenas dois exemplos entre milhares, precisamos realmente de celular? Ou a incomunicabilidade é um privilégio que apenas pessoas como Osama bin Laden podem desfrutar? E de internet? O presidente do Banco Mundial, James Wolfensohn, afirmou certa vez que o mais pobre dos pobres não tem direito apenas à água fresca, mas também ao acesso livre à supervia da informação. De acordo com ele, quem não tem acesso à internet está de fora da revolução econômica, fazendo parte da camada mais baixa da nova era digital. A possibilidade de bater papo com gente de todo o mundo que pensa como a gente ou brincar de paciência *on-line* é necessidade vital ou é luxo? Ou o luxo é poder abrir mão disso? Na Grécia antiga, a palavra "idiota" designava uma pessoa que não participava da vida pública. Talvez o sentido dessa palavra tenha sido invertido. Hoje, um idiota talvez seja aquele que não é capaz de se isolar da rede mundial de computadores.

Quando somos obrigados a jogar coisas fora e a revisar nossos hábitos, temos a chance de aprender a valorizar as coisas luxuosas da vida. O empobrecimento também pode nos ensinar a definir prioridades ou a começar a reconhecer o que é importante para nós. Para usar a linguagem dos executivos, que comandam nosso mundo, podemos finalmente nos concentrar em nosso negócio central e aplicar a "gestão enxuta". Como acontece com a economia, respondemos com uma pisada no freio. E, com isso, temos a oportunidade de priorizar a qualidade de vida.

Em primeiro lugar, o leitor precisa saber que o prazer não deve ser interpretado de maneira pejorativa. O prazer é a condição para se ligar ao mundo; sem ele os homens iriam acabar sumindo. Evitar o que é material e virar as costas para todo o prazer é não se permitir viver. Se, para fugir dos deleites da vida, ficamos fedendo voluntariamente dentro de um barril, como o filósofo Diógenes, porque todos os confortos nos repugnam, abrir mão deles não é uma arte. A verdadeira arte é, em primeiro lugar, a capacidade de reconhecer as coisas realmente belas e, em segundo, saber dosá-las de maneira tal que se possa usufruí-las ao máximo. A arte de abdicar é a verdadeira condição para o prazer.

Quero adiantar um princípio importante à otimização do prazer e, com isso, também da felicidade da vida: quanto mais cheios de caprichos, ou seja, quanto mais dependentes de coisas, mais pobres somos. Muitos ricos são seres humanos muito pobres, porque estão constantemente insatisfeitos com alguma coisa — a camisa de seda não está bem passada ou o motorista particular está fedendo a alho. Nós, que também somos ricos se nos compararmos com outros, deveríamos refletir sobre o fato de que entre os ricos há proporcionalmente muito mais pessoas infelizes. Os únicos ricos que parecem ser um tanto felizes são aqueles que sabem economizar. Tanto faz se são coisas tão inocentes como o *cappuccino* que "precisamos" tomar pela manhã ou a "necessidade" de utilizar apenas talheres de prata no jantar — no fim das contas, dá no mesmo. Na luta contra a ultrapoderosa vulgaridade da cultura de massa, só pequenos triunfos são possíveis, e um desses triunfos pode ser, por exemplo, a capacidade de nos virar sem algo de que imaginávamos não poder abdicar.

Neste livro mostraremos algumas atitudes em prol da arte de viver contra a fúria consumista. Quem aprender a tempo a lidar com menos dinheiro logo fará parte de uma elite invejada, pois o futuro próximo será realmente desagradável para aqueles que possuírem coisas. Eles passarão seus dias basicamente temendo por suas propriedades. Mas quem tem pouco também tem menos a perder. E quem dispõe da autoconsciência de um Vladimir Nabokov, escritor russo, não precisa de nada para ser alguém.

A decadência social é uma arte. Povos inteiros a exerceram com bravura. E, às vezes, é apenas na decadência que surge o verdadeiro brilho. Nos próximos capítulos, vamos conhecer alguns exemplos de pessoas que dominam essa arte num alto grau.

"O sucesso é ir de fracasso em fracasso, sem perder o entusiasmo."

WINSTON CHURCHILL

Heróis da pobreza

Como ficar bem na foto sem dinheiro

Se existisse um *hall* da fama para os heróis da pobreza, muitos seriam os homenageados; listá-los todos não é o objetivo deste livro. Um *hall* desses não deveria consagrar apenas pessoas, mas também cidades e civilizações inteiras. O lugar de honra no salão das personagens contemporâneas deveria ser reservado para um homem que conheço há muitos anos. Visitei-o pela última vez um pouco antes do seu sexagésimo aniversário, a fim de entrevistá-lo: um dos grandes atores da história do cinema, Helmut Berger.

Helmut Berger

A entrevista com Berger foi uma das mais difíceis para mim. Primeiro, porque gosto muito desse homem e somos muito amigos. Depois, porque a notícia sobre ele só poderia ser: Helmut Berger, no passado festejado astro entre os atores da Europa e provavelmente o homem mais bonito do mundo, que tinha Hollywood e a Cinecittà a seus pés, não está mais no Olimpo das superestrelas, mas entre os mortais. Seu dinheiro acabou, ele perdeu seu apartamento em Roma e vive na casa da mãe em Salzburgo. Como a decadência é considerada algo humilhante, a desrespeitosa imprensa vienense se divertiu várias vezes com um Helmut Berger que sempre aparecia em festas aparentemente acabado e bêbado.

Marcamos um encontro no hotel Österreichischen Hof, que agora se chama Sacher Salzburg. Surgiu um homem que parecia um mendigo, mas irradiava tal grandeza que todos os que estavam no saguão do hotel instintivamente deram um passo para o lado, a fim de presenciar respeitosamente o evento que era a aparição de Helmut Berger. Quando Berger — os cabelos desgrenhados, a estola de pashmina sedutoramente envolta no pescoço — abriu a porta giratória de vidro do saguão, o olhar do chefe da recepção traía um pouco de pânico, mas ao mesmo tempo também revelava: depois de Mozart, esse homem é o filho mais famoso da cidade; ele é intocável. E daí se alguns tantos turistas japoneses ficarem decepcionados por ele mostrar a língua na frente deles ou fazer caretas demoníacas? Nem mesmo o grão-duque Carlos da Áustria, vestido com a jaqueta do traje típico do país, que estava no saguão do hotel batendo papo com alguém, piscou quando Helmut Berger passou a seu lado, fazendo gestos obscenos.

Em seguida, o almoço começou num reservado do jardim-de-inverno, que a direção do hotel tinha arrumado, com sábia prevenção. Por ter trabalhado como garçom na mocidade, Berger sabia o que podia esperar de lugares como aquele na condição de hóspede.

"Senhor Berger, posso sugerir-lhe a lagosta?", perguntou o garçom que se aproximou.

"Desfiada?"

"Naturalmente, com um pouco de *tagliatelle* na manteiga e trufas brancas."

"Você está maluco? Nada de macarrão, nada de molho de manteiga! Que desaforo! Na minha lagosta vai no máximo um pouco de vinagrete! Vocês têm isso? Ou limão?"

Seria difícil reproduzir detalhadamente nossa conversa, já que a maior parte dela não fluiu muito bem, culpa também na decisão do pedido do vinho, que mais tarde pareceu idiota. Mas Berger ainda domina todo o seu fantástico repertório de gestos, e o usa da maneira mais genial quando subitamente não quer mais falar sobre um tema — o que acontece com freqüência — e simula um tremendo cansaço: ele olha nos olhos da pessoa e faz um limpador de pára-brisa no ar com o dedo indicador. Se isso não adiantar e a pessoa continuar a insistir, tentando formular de outra maneira a última pergunta, ele deixa a cabeça cair sobre a comida e a levanta com pedacinhos de lagosta grelhada com vinagrete em sua estola.

Quero registrar para a posteridade algumas observações desse almoço cansativo, mas também maravilhoso: Helmut Berger, a figura-símbolo da promiscuidade e da bissexualidade, que afirmou poucos anos atrás em sua autobiografia que o sexo é melhor quando se trata "do desejo puro", "sem lengalengas antes ou depois", disse apenas, na noite anterior ao seu sexagésimo aniversário, esgotado, derramando um pouco de vinagrete sobre sua lagosta: "Sabe, sexo sem amor é... Bah!... Nada feito! Esqueça!". Há algum tempo ele afirmou em entrevistas que a moral sexual católica de sua infância o fez sofrer a vida inteira, porque todos os seus pensamentos em sexo desencadeavam sentimentos de culpa. Durante nosso almoço, ele disse: "Esses sentimentos de culpa, que eu sufoquei no passado com tanto esforço... talvez fossem inspirações de meu anjo da guarda. *I decided not to listen* [decidi não ouvir]". Além disso, estava ficando cada vez mais difícil superar os outros. Nos anos 1970, quando toda a sociedade de Roma tinha sucumbido à cocaína e sumia constantemente nos banheiros para cheirar, Berger não teve outra opção — para deixar os outros sentindo-se caretas — a não ser consumir abertamente montes do veneno. Ele encomendou um pequeno canudo dourado na Bulgari, que passou a usar pendurado numa correntinha no pescoço. A gilete dourada para moer os cristais também estava sempre à mão.

Naquela época, as grandes personagens dos filmes — e é preciso dizer: realmente foram grandes papéis — já pertenciam ao passado: o jovem herdeiro Martin von Essenbeck no filme *Os deuses malditos* (1968), de Luchino Visconti, o tuberculoso filhinho de papai em *O jardim dos Finzi Contini* [1970], de Vittorio de Sica, e finalmente *Ludwig II* [1955]. No seu trigésimo aniversário, Helmut Berger era o ator mais desejado de sua idade. Assim, ele achou coerente encarar a vida shakespearianamente como um palco e, a partir de então, só representar a si mesmo. Quando Visconti, seu maior protetor, morreu, em 1976, Helmut Berger escolheu o papel que devia ser o de sua vida: o de viúvo enlouquecido, que mesmo nos momentos de excesso não perde a postura. Certa vez, num Baile da Rosa dos Grimaldi em Monte Carlo, ele estava tão intoxicado de cocaína que perdeu o controle do esfíncter e sujou de tal maneira a parte de trás de seu *smoking* branco que teve de ficar quieto em seu lugar, sem se mexer, até o final da festa. Berger tornou-se o sinônimo da ostentação. Ele passou seu qüinquagésimo aniversário no palácio da condessa d'Estenville. Talvez essa festa tenha sido o final tardio, o último badalar da decadência despreocupada dos anos 1970, ponto alto da libertação das convenções. Muitos que participaram da festa no salão desse palácio barroco romano já morreram ou sumiram do mapa. Nunca mais cocaína, caviar e champanhe foram consumidos em quantidades tão absurdas como naquela noite.

Entre os sobreviventes do evento estão Jack Nicholson, Roman Polanski — e, a seu modo, Helmut Berger. Havia tempo que não lhe ofereciam um papel significativo. Mesmo assim, nos anos 1980 Berger continuou vivendo como um príncipe romano, sempre acompanhado de um secretário particular, consumindo sua riqueza. Ele freqüentava apenas os melhores hotéis, mas com a complicação crescente daqueles que lhe proibiam a estada. No hotel Vier Jahreszeiten, de Munique, um dos caríssimos aposentos foi usado para uma "festa na selva", na qual Berger e seus convidados usaram as tapeçarias das paredes como figurinos e os lustres foram transformados em cipós. No *checkout*, Berger pagou com naturalidade a conta equivalente a cerca de 176 mil euros em 2007. Na coluna "extras" estava escrito: "Por favor, nunca mais pise aqui".

O jornalista de celebridades Michael Graeter afima que Helmut Dietl originalmente planejou sua série de TV com Berger no papel do jornalista de celebridades de Munique, mas desistiu por medo dos ataques excêntricos do "velho" astro, que aos poucos se transformava em uma figura cômica parecida com as da época dos filmes mudos, e acabou escolhendo Franz Xaver Kroetz. Berger apareceu em algumas produções *cult*, marcou presença rapidamente na tela como uma citação em *Pulp fiction* [1994], de Quentin

Tarantino, trabalhou no elenco do seriado *Dinastia* [1981], mas foi demitido pelo diretor porque não aceitava ser proibido de visitar Jack Nicholson no meio das gravações. Finalmente, no outono de 1992 — ele já não tinha mais secretário particular —, seu apartamento em Roma pegou fogo. Seus melhores e mais valiosos quadros foram destruídos, assim como uma coleção de vasos e móveis *art nouveau*, muitas cartas e objetos de valor sentimental. Naquela época, Helmut Berger perdeu tudo de valor que ainda possuía. Para ele, a mudança para a Via Nemea foi a despedida definitiva de uma época.

Ele aprendeu a se conformar com a pobreza, gastou o que restou de seu dinheiro com presentes para os amigos e, quando um dia foi despejado da Via Nemea, empacotou o pouco que ainda lhe restava e foi para a casa da mãe, em Salzburgo. Desde de sua juventude, quando ficou claro que Helmut era um tanto "diferente", ele e mãe mantinham um relacionamento íntimo, cúmplice. Ela também entendia que Helmut precisava sair da proteção dos pais e "tocar a vida" sozinho. Ele simplesmente voltou, o garoto, e nem o filho nem a mãe entenderam isso como uma lastimável infelicidade. Às vezes Helmut Berger vai até o centro da cidade, compra pacotes e mais pacotes de cigarros, às vezes furta um filé de salmão do supermercado. Se for surpreendido, será tratado com todo respeito imaginável. Afinal, a gente de Salzburgo é civilizada.

Em nosso encontro, ele embolsou num quiosque um isqueiro barato de plástico e um cartão-postal, depois de ter gasto quase 100 euros em cigarros. Ele fez isso para ficar à altura do papel que o mundo imaginou para ele: o do imponente senhor que decaiu para mendigo. Quando estávamos passeando por Salzburgo, com Berger sempre me lembrando de que poderia vomitar a qualquer momento, ele viu uma pilha de caixas de papelão velhas dobradas em frente à Casa de Mozart e se jogou sobre elas, fazendo a pose de um sem-teto, mas absolutamente seguro da própria elegância. Mesmo morto esse homem não faria feio.

Ele diz que não faz muita questão de interpretar novos papéis, pois alcançou o Olimpo e agora não tem vontade de ficar batendo perna pelo andar inferior: "Eu vi tudo. Paris, Madri, Monte Carlo, Nova York, Roma, Milão". Ele recita essa lista como se estivesse se referindo a uma única e imensa metrópole.

Enquanto andávamos por Salzburgo, ele carregou debaixo do braço o tempo todo um roteiro que um diretor inglês lhe tinha enviado, juntamente com uma carta. Berger deveria fazer o papel de um espírito, que apareceria constantemente para Alexandre, o Grande. Supostamente o cachê oferecido era fenomenal. Mas Helmut Berger achou o roteiro deplorável: "Não farei o filme! Basta!".

Antes de chamar um táxi, ele comprou, com o resto do dinheiro que tinha no bolso — três notas amarrotadas de 20 euros —, um enorme chocolate de presente para a mãe e uma torta Sacher para Irina, minha mulher, que ele tinha conhecido em nossa viagem de lua-de-mel.

Ao nos despedirmos, ele ainda me perguntou se eu não queria passar em sua casa para o jantar e disse: "Minha mãe faz a melhor panqueca do mundo".

Pisa

Assim como pessoas, existem cidades que são ricas ou pobres há tempos e aquelas que recentemente se tornaram ricas ou pobres. Berlim, por exemplo, é uma cidade que pode ser comparada a um novo-rico. Se Berlim fosse a um coquetel que contasse com a presença de Munique, Colônia, Hamburgo e Frankfurt, seria tratada de cima para baixo por alguma dessas cidades. Em Berlim — elas desdenhariam, escondendo a boca com a mão — nenhuma pedra tem mais de 150 anos, e a maioria dos prédios novos não é nada mais do que a cópia da cópia da cópia. Isso pode ser verdade no geral, só que os muniquenses também repaginaram sua região central, cerca de cem anos antes dos berlinenses. Naquela época, no centro, ao redor da residência real, foram reconstruídos palácios florentinos, no melhor estilo de Las Vegas, que hoje parecem tão charmosamente autênticos. E o que Augsburgo tem a dizer, no quesito terceira idade? Ou Regensburg? Ou Worms? Ou Colônia? Munique, em relação a Colônia, é o novo-rico. E Colônia o é em relação a Roma. E Roma em relação a Atenas. Podemos continuar nessa toada até chegar a Bagdá e, pelo menos, a algum lugar na Mesopotâmia, onde fica o Jardim do Éden, segundo o livro de Gênesis.

Quando queremos descobrir a cidade mais elegante de todas, verificar apenas sua idade não é suficiente. Elegância verdadeira é o *glamour* do passado. Quanto maiores o *glamour* e a discrepância em relação ao estado atual, mais sublime é a elegância. De acordo com esses critérios, a cidade de Pisa provavelmente merece o primeiro lugar entre as cidades.

No século XVIII, o nível de educação da cidade era extremamente alto. E, no século XII, uma escola de juristas foi fundada em Pisa. Mas a cidade viveu sua primeira época de glórias muito tempo antes, quando Roma nem existia. Durante séculos Pisa foi a única cidade portuária significativa do lado ocidental da bota italiana. Com a ascensão de Roma e a fúria homogeneizadora do Império, Pisa tornou-se uma cidade colonial e passou a ter de aturar Gênova, no norte, com o porto mais moderno.

Depois que o reino mundial romano foi derrotado pelos "bárbaros", restaram apenas algumas ilhas de civilização em toda a Europa: os conventos e Pisa. A antiga cidade portuária tornou-se centro de educação e nação de navegantes; no vácuo surgido pela falta de uma potência, Pisa desenvolveu ambiciosos planos para dominar o mundo. Naquela época, o "mundo" era a mesma coisa que o mar Mediterrâneo, e a partir de meados do século XII esse domínio mundial tornou-se realidade por duzentos anos. O auge do Estado de Pisa era a Calábria, conquistada pelos piratas, a Córsega e as ilhas Baleares. Com a fundação do reino franco, Pisa tornou-se sede do governo imperial. Por volta de 1200, no ápice da cavalaria medieval, era o centro dos funcionários da corte, aristocratas, eruditos, comerciantes e a fronteira entre o Oriente e o Ocidente. A catedral, que une elementos de uma mesquita e de uma sinagoga, é um atestado significativo do espírito multicultural que deve ter reinado em Pisa, quando ela era a mais ambiciosa cidade de navegantes da Europa.

Mas os cavaleiros tiveram de abrir lugar para o mundo moderno, o império dos Hohenstaufer* desabou, o imperador Barbarossa morreu em 1190 (enquanto tomava banho durante sua cruzada). Durante o tempo em que seu filho Frederico II regia despreocupadamente o Sacro Império Romano desde a Sicília e brigava com o Papa, os mongóis atacaram a Europa, o tempo dos Staufer terminou e Pisa descambou para a insignificância. As vizinhas Gênova, Lucca e Florença,

---

* *Hohenstaufer ou Staufer*: dinastia suábia da qual vieram muitos reis alemães nos séculos XII e XIII. (N. T.)

que sempre olharam com inveja para Pisa, agarraram a oportunidade de finalmente acabar com a orgulhosa cidade e se uniram para conquistá-la. Em 1392 Pisa foi vendida para os Visconti de Milão, que, por sua vez, repassaram a cidade aos florentinos. As revoltas dos pisanos contra a odiada cidade mercantil de Florença foram sempre sufocadas com muita eficiência. Quando Galileu Galilei lecionava no século XVI, Pisa já não era mais metrópole; tinha se tornado província.

Se uma cidade pudesse sentir dor, Pisa bem que deveria sofrer com a humilhação de hoje, pois só é conhecida por aquela torre torta. Mas Pisa aceita com tranqüilidade o fato de um número incontável de turistas desaguar, dia após dia, no Campo dei Miracoli, a praça dos Milagres, a fim de fotografar a torre, deixando de lado os muitos edifícios bem mais imponentes, como a já citada catedral e o batistério único. Pisa e os pisanos riem sem maldade dos turistas que chegam rápido de ônibus, tiram suas fotos, deixam dinheiro por lá, mantêm a cidade antiga preservada e somem novamente em direção a Florença e Lucca ou vão dar uma volta pela Toscana.

A maioria dos jovens que encontramos em Pisa é de alunos da Scuola Normale Superiore, a única escola superior de elite na Itália. Hoje, Pisa é apenas a minimetrópole elitista de um passado remoto. Se existisse um prêmio para a indiferença em relação à perda da própria importância, Pisa estaria entre os primeiros candidatos.

Hungria

Mal podemos falar sobre a decadência com elegância sem citar os dois países nos quais essa arte foi aperfeiçoada:

Hungria e Inglaterra. O formato, como nação, cidade ou pessoa — isso fica muito claro aqui —, torna-se mais visível no fracasso. Não é tão difícil ser um vencedor honesto, mas são raros os bons perdedores, aqueles que assumem a decadência com serenidade, postura honesta e uma pitada de humor. O duque de Charost estava lendo um livro a caminho da guilhotina. Quando começou a subir os degraus até seu carrasco, marcou a página na qual tinha parado de ler. Nenhum povo da Europa domina essa arte de humor negro como os húngaros.

O humor existe em todos os lugares onde as pessoas mantêm a cabeça erguida, independentemente do que possa acontecer. Poucas culturas foram humilhadas tantas vezes quanto a Hungria, e mesmo assim o país disporia de um superávit imenso se o humor entrasse na conta de exportação. Hollywood, toda a indústria do cinema, é invenção de um punhado de imigrantes húngaros, entre eles Vilmos Fox, que criou os "Nickel-Odeon",* Adolph Zukor, o fundador dos estúdios Paramount, e os diretores Michael Curtiz (*Casablanca*), George Cukor (*My fair lady*) e Alexander Korda (*Henrique VIII*).

Os húngaros dominaram a indústria cinematográfica estadunidense e britânica por muito tempo e dizem que o seguinte cartaz ficava pendurado num estúdio de Hollywood: "Não é suficiente ser húngaro para trabalhar aqui!". No filme de Korda *O pimpinela escarlate*, de 1934, Leslie Howard faz o papel do aristocrata inglês *sir* Percy, tornando-se o exemplo da classe alta inglesa, embora se chamasse originalmente László Steiner e fosse de Budapeste. O ro-

* *Nickelodeon*: sala de cinema, usualmente uma loja adaptada, muito comum nos Estados Unidos no início do século XX. (N. T.)

mance que inspirou *O pimpinela escarlate* nasceu da pena da baronesa húngara Orczy, o roteiro foi escrito por Lajos Biró, a música era de Miklós Rózsa e, com poucas exceções, o resto da equipe vinha também da Hungria. Além disso, Alexander Korda era famoso por ajudar financeiramente por décadas compatriotas empobrecidos e atores amigos que não faziam mais sucesso. A lista dos amigos que ele ajudou é maior do que sua filmografia, que totaliza cinqüenta títulos. Assim, Korda personificava aquele tipo de protetor que até hoje encontramos quase só na Hungria e para quem a generosidade que beira a imprudência faz parte de um estilo de vida honrado.

Ao lado da obstinação dos húngaros por diversão, está sua atrevida alegria de brincar, e isso parece ser um ingrediente específico que faz a diferença: em situações aparentemente sem saída, o húngaro não se importa em perder a postura e, principalmente, o bom humor.

Durante um período entre 1848 e 1849, supunha-se que a Hungria pudesse ficar independente da Áustria. Mas Viena pediu ajuda aos czares russos, e a revolta dos húngaros foi sufocada de maneira excepcionalmente brutal para a época. Quando o cruel século XX despontava, o primeiro-ministro Schwarzenberg recebeu a permissão do imperador Ferdinando José, na época com apenas 19 anos, para fuzilar quase todos os oficiais húngaros, de coronel para cima. Essa medida atemorizou toda a Europa e atiçou os ânimos revolucionários. Os oficiais transformaram-se em heróis nacionais na Hungria. Apenas o líder da revolta, Lajos Kossuth, fugiu para a Turquia, disfarçado de camareiro de um conde polonês.

O golpe seguinte sofrido pela Hungria foi o Tratado de Trianon ao final da Primeira Guerra Mundial, em 4 de junho de 1920. O país perdeu dois terços de seu território. A partir de então, mais de 3 milhões de húngaros passaram a viver sob outros reis; o país estava arruinado financeiramente. O terceiro golpe foi o fracasso do levante contra o domínio soviético. Durante 150 inebriantes horas, a Hungria foi um país livre no outono de 1956. Sentiu-se um gosto irreal de vitória; o primeiro-ministro comunista Nagy e sua equipe deixaram demonstrativamente a sede do partido em 29 de outubro e entraram no Parlamento, festejados pela população. Numa manhã fria de novembro, domingo, às 4 horas da madrugada, teve início o ataque do exército soviético. Milhares de húngaros morreram lutando nas ruas contra os mais poderosos soldados vermelhos.

Depois da recondução à "ordem", os soviéticos prometeram a Nagy um salvo-conduto, no qual ele acreditou com uma ingenuidade espantosa. Em seguida à sua prisão, Nagy recebeu pena de morte, assim como outros 229 revolucionários. Depois do revés em 1848 e do banho de sangue em 1956, húngaros e russos nunca mais conseguiram desenvolver um relacionamento fraterno. O fato de o país ter recebido em 1989 a chance de destruir o império soviético confirma que a história pode ser irônica: foi com a abertura da fronteira da Hungria, contra a vontade explícita da Alemanha Oriental e de Moscou, que o leste europeu e a União Soviética começaram a cair. Atualmente, a Hungria é o país mais bem-sucedido econômica e financeiramente do antigo leste europeu.

A história da Hungria mostra que as derrotas também podem significar vitórias. Depois de algum tempo, descobrimos que os vitoriosos foram os derrotados.

Como exemplo para essa postura comum dos húngaros, quero apresentar um de meus antepassados, meu tataravô

Stephan, conde Széchenyi. Ele tinha uma generosidade que beirava a loucura, pois achava que precisava dar as coisas antes que elas lhe fossem tiradas. Mas, no papel de economista e político, ele propagava a economia. "Se você tem trezentas ovelhas, administre-as como se tivesse apenas trinta", era um dos seus lemas. Ele foi o reformista econômico e social mais progressista da Hungria até os dias de hoje, e colocou-a no caminho rumo a um país moderno e consciente de seu valor. Antes da "era das reformas" iniciada por ele, a Hungria era um reino feudal, medieval-bizantino, cuja classe alta torrava a riqueza que seus servos produziam nas corridas de cavalo em Viena. A riqueza de alguns príncipes húngaros era tão grande que assumia traços orientais. Apenas alguns poucos tinham direito a voto e dirigia a história do país. Os latifundiários eram protegidos, pois uma lei de 600 anos proibia hipotecar suas propriedades e terras.

Széchenyi deu fim aos privilégios de sua própria classe, a nobreza. E, para dar o bom exemplo, disponibilizou toda a receita anual dos seus quase 50 mil hectares de terras para financiar a Academia de Ciências. Ele acabou com a isenção de impostos dos nobres, construiu portos no rio Danúbio, retificou o rio Tisza e iniciou a construção da primeira ligação decente entre Buda e Pest, a ponte das Correntes. Sua crítica desdenhosa à auto-satisfação da camada dirigente da Hungria e seus difíceis conselhos levantaram muitas controvérsias. Por isso, no campo, a pequena nobreza se juntou e queimou os livros dele.

Ao lado de seus rivais políticos — Lajos Kossuth e o poeta Pet fi —, Széchenyi foi a figura central para o despertar da consciência nacional húngara. Mas sua visão era a ascensão evolutiva da Hungria na monarquia do Danúbio, não a separação por meio da revolução. Os revolucionários o descartaram e foram atrás de um confronto armado com a Áustria. Széchenyi se retirou da política e mudou-se de seu castelo em Nagycenk para uma "casa de loucos", como ele mesmo dizia. Em suas anotações, muitas vezes engraçadas e repletas de ironias, está registrada a frase: "No mundo, é preciso ser martelo ou bigorna. Fui a última...".

Quando lemos seus diários escritos na "casa de loucos", descobrimos que meu tataravô nunca deixou de perceber seu fracasso político como vitória moral. Só depois de sua morte os livros de história também passaram a entender isso. Ele tornou-se um herói nacional com significado quase mitológico para a Hungria, uma posição que o homem que o perseguia, Lajos Kossuth, nunca alcançou.

O mundo dos ingleses

As almas mais próximas das húngaras são as inglesas. Assim como os húngaros, os ingleses acham que seu país é o centro do mundo. Acreditam (e isso sem maldade) que todos aqueles que não são da ilha são selvagens ou meio selvagens, com os quais se deve tentar um relacionamento amigável, que às vezes precisam ser educados e que se prestam a ser um tanto oprimidos. Eles fazem isso sem arrogância — temos simplesmente de levar em conta a grandiosidade do passado e a conseqüente altura da queda.

Os tratados sobre a derrocada da Grã-Bretanha de superpotência para um caso de assistência social enchem bibliotecas inteiras, mas ainda não foram suficientemente pesquisados porque a auto-estima dos ingleses não é afetada por isso. Será que eles têm espírito de jogadores, assim como os húngaros? Afinal, no jogo da vida, é muito bom ganhar, mas é preciso encarar as derrotas. Há uma piada húngara que acerta na mosca a visão de mundo dos húngaros — e dos ingleses: Um húngaro quer comprar um globo. O vendedor mostra um. "Mas onde está a Hungria?", o húngaro quer saber. O vendedor procura o pequeno país e aponta-o com a unha do dedo mínimo. "Então quero um que só tenha a Hungria."

A decaída da Inglaterra já se anunciava na segunda metade do século XIX. Por volta de 1900, o país mais poderoso e rico do mundo começou a despencar definitivamente, e isso sem que os próprios ingleses percebessem direito o que estava acontecendo. Por meio da utilização de refinada auto-sugestão, sua desenvolvida auto-estima não lhes permitia enxergar a real situação. Um exemplo disso foi a decadência econômica da classe alta inglesa. De acordo com livros de história, ela começou com a grande lei reformista de 1832, que encerrou sua dominância política. Cinqüenta anos depois veio a ruína econômica, quando a agricultura de toda a Europa entrou em crise, porque a industrialização empurrava os negócios dos camponeses para escanteio e cada vez mais os produtos agrícolas eram importados a baixo custo. Em 1894 a Inglaterra impôs uma lei de heranças que obrigava toda geração a pagar a morte do cabeça da família com a venda de alguma propriedade. Quem ainda tinha dinheiro depois disso acabou por perdê-lo na crise econômica de 1929 e, em 1946, quando a Índia se tornou independente, cessou também a última oportunidade de ganhar dinheiro fácil.

É interessante notar que aqueles senhores e senhoras da classe alta da época, que eram os menos impressionados pela nova situação, a longo prazo, tiveram vantagens, até financeiras. Durante a crise da virada do século, as famílias que primeiro perderam a calma venderam suas propriedades muito abaixo do preço. Aquelas que não deixaram transparecer que suas casas de campo estavam com goteiras e puderam salvar parte de seus bens até a época do milagre econômico do século XX — que se refletiu principalmente nos altos preços de terrenos e no mercado da arte — conseguiram se recuperar em conseqüência da grande prosperidade. Durante vinte anos, o conde de Derby resistiu bravamente à tentação de vender *O festim de Baltazar*, de Rembrandt. Em 1964 ele finalmente se decidiu, pedindo 170 mil pounds pela tela, o que corresponde hoje a 500 mil euros. O duque de Devonshire esperou até os anos 1970, quando seu Rembrandt alcançou um preço recorde, e foi compensado pelas décadas de perseverança.

Naquela época, as famílias que entraram em pânico rápido demais ficaram sem nada para vender e acabaram tendo de se apresentar ao mundo do trabalho. Aristocratas ingleses não só trabalhavam para bancos ou casas de leilão, mas também ganhavam seu dinheiro, por exemplo, dirigindo ônibus, servindo mesas ou tocando em bares.

Os motoristas de ônibus e tiradores de cerveja descendentes de grandes figuras da nobreza não se tornaram famosos por encarar seu trabalho burguês e proletário com um entusiasmo contagiante. Pelo visto eles não se incomodavam com o baixo salário, talvez porque tenham sido criados numa atmosfera de saudável desdém ao dinheiro. Quanto mais experiência uma família tinha obtido no quesito empobrecimento, quanto melhor tinha aprendido a se virar no tempo das vacas magras, melhor seus descendentes se saíam quando a coisa realmente apertava. Uma família como a do rei Faruk, do Egito, acostumada com o poder, não suportou a deposição. Faruk acabou com o resto de sua fortuna guardada no exterior na mesa de jogo; sua irmã, a princesa Fathia, foi para os Estados Unidos, trabalhou de má vontade como faxineira e acabou se casando com um empregado, que a assassinou num motel.

Já um lorde Kingsale, cujos antepassados marcaram durante séculos a história da Irlanda, soube dar um jeito em sua situação. Na época de Cromwell, sua família era tida como pobre, por isso ele não se importa que sua jaqueta esteja furada. Kingsale afirma que Henrique VI, "com suas guerras idiotas", foi o responsável pelo empobrecimento de sua família. Hoje ele vive numa pequena propriedade rural na cidadezinha que já foi de seus parentes e é um velho senhor querido por todos, e ao qual nos dirigimos usando um respeitoso *Sir*. Quando o esgoto do *pub* entope, o dono liga para o *Sir*, que gosta de receber umas cervejas grátis em troca de pequenos serviços. Com exceção dos sapatos, todas as roupas que o lorde Kingsale usa bem que poderiam ser separadas para doação. Ele usa seu único casaco bem conservado quando é convidado para uma festa ou um jantar na cidade. Alguém lhe perguntou certa vez se para ele era vantagem ser um lorde, mesmo que empobrecido. Ele respondeu com a auto-ironia da qual somente os ingleses são capazes: "Sim, certamente. Se eu peidar muito alto num jantar, todos acharão isso excêntrico e até um tanto divertido. Se alguma outra pessoa fizer o mesmo, dirão que ela é repugnante e vulgar".

A maioria dos esnobes ingleses empobrecidos que eu conheço faz questão de manter alguém que os ajude nos serviços da casa, mesmo se eles ganharem menos que a faxineira. Aqueles que não conseguem nem isso decidem simplesmente ignorar o estado de suas casas na medida do possível e fingir que tudo está arrumado. Quem os visita precisa estar preparado para encontrar uma camada de poeira de alguns centímetros e louça de toda uma geração empilhada na pia.

Existem, porém, alguns cavalheiros ingleses empobrecidos que têm prazer em deixar a casa em ordem uma vez por semana. Eles arregaçam as mangas, calçam as luvas de borracha e fazem o jogo dos empregados domésticos, no qual o objetivo é atuar de maneira convincente no papel de empregados imaginários.

Um amigo meu é mestre nisso. A quebra da seguradora Lloyd engoliu sua última poupança e, ainda por cima, ele foi abandonado pela mulher, que decidiu morar com um marquês ricaço no campo. Certo dia meu amigo decidiu enganar seu destino e tornou-se seu próprio empregado. Ele engraxa seus sapatos até a perfeição e, quando precisa de cigarros, ordena a si mesmo que vá até a tabacaria da esquina. Seu papel de carta é da melhor marca, seu apartamento minúsculo está sempre impecavelmente arrumado e sua roupa também, embora seja mais velha do que ele. Sobre sua escrivaninha, um móvel herdado, as cobranças da companhia de gás com ameaças de cortar o aquecimento formam uma pilha. Às vezes não dá para falar ao telefone com ele, pois sua linha está desligada temporariamente. Sem contar essas calamidades banais, ele mantém sempre a postura de um descendente rico da classe alta. Exceto pelo fato de não conseguir mais sacar dinheiro com seu cartão do banco. Mas, em relação àqueles cujo cartão ainda funciona, ele parece, de determinado ângulo, até mais bem resolvido.

Umas das vantagens do modelo de sociedade britânico talvez seja esta: embora exista um sistema de classes, as barreiras entre elas são permeáveis e podem ser vencidas por outros meios além do dinheiro. As diferenças principais estão no comportamento e na linguagem, e ambos podem ser aprendidos. Em sua juventude, Margaret Thatcher falava de forma diferente de como falaria mais tarde, depois de ter ascendido no Partido Conservador. Mediante a apropriação de um estilo de vida burguês — por exemplo, trocando o salão de jogos pelas corridas de cavalo —, qualquer indivíduo da classe trabalhadora pode se juntar à classe média, e qualquer um integrado à classe média pode algum dia assumir o jeito de viver, a linguagem e o comportamento da classe alta, e, em vez de ir às corridas de cavalo, visitar as corridas de cavalo a galope. Falando de outro jeito: os ingleses são um povo de senhores; são senhores não no sentido alemão, no qual "ser senhor" sempre é sinônimo de "dominar os outros", mas no sentido de "se dominar", corrente para qualquer húngaro e qualquer britânico: ser "o dono de seu mundo", mesmo se for um mundo de fantasia.

Os húngaros e os ingleses são orgulhosos de sua nacionalidade, não por arrogância, mas principalmente pela sensação de fazer parte de algo importante nos momentos amargos. Meu amigo Kevin, com o qual dividi durante muito tempo um apartamento em Londres, certa noite impediu um sujeito cansado da vida de pular da ponte Battersea. O argumento que convenceu o homem a não pular foi: "Você pode se orgulhar de ser inglês!". Numa situação semelhante, se disséssemos a um alemão: "Você pode se orgulhar de ser...", ele pularia antes de terminarmos a frase. Os ingleses são marcados especialmente por um aspecto: uma auto-estima que lhes permite manter a cabeça erguida mesmo nas piores situações.

Há um homem que personifica como ninguém o modelo de sociedade britânico: Charles Benson. Ele veio de uma família simples e, mesmo assim, era parte indispensável da sociedade londrina. Oficialmente, Benson era colunista das corridas de cavalo do *Daily Express*, mas nunca era visto nos escritórios do jornal, porque sempre estava na pista de corrida em Ascot ou Epson, ou estava entretido com sua ocupação principal: badalar entre seus amigos riquíssimos.

Depois da morte de Benson, Taki escreveu, em sua coluna no *Spectator*: "Charles não ficava longe do jogo de azar nem um dia sequer, estava sempre falido, mas nenhum de nós levava uma vida mais maravilhosa do que a dele. Ele me apresentou aos costumes ingleses (corridas de cavalo, fins de semana em espaçosas casas de campo e cassinos) e eu o iniciei nos costumes continentais (visitas a bordéis, passeios de iate no Mediterrâneo e mais cassinos)". Benson era uma dessas pessoas que exercem influência sobre as outras. O dono de cassino John Aspinall custeava o vício de jogo de Benson não apenas porque apreciava sua companhia, mas também porque Benson atraía outros jogadores para seu cassino. O capital de Benson era seu humor. Ele não podia se gabar de sua origem nem tinha dinheiro, mas seu papel era o de animador da sociedade cultural. A rotina anual de Benson era composta de três viagens: depois do Natal, uma estada longa em Barbados com Robert Sangster, a fim de escapar do terrível mês de janeiro em Londres; no verão, algumas semanas no iate de Aga Khan, de cujo deque ele não saía de jeito nenhum — com o copo de champanhe já enraizado em sua mão direita —, garantindo a diversão o dia todo; e, depois da sessão de corridas inglesa, uma viagem com Sangster para o ponto alto do calendário do turfe australiano. Entre essas estadas rituais havia sempre senhoras podres de ricas, que apreciavam tanto sua companhia que lhe possibilitavam viajar para a Flórida ou para as Bahamas em troca de ele se dispor a entreter seus convidados na hora do coquetel todas as noites. Embora Benson supostamente nunca tenha gasto um tostão em passagens de avião, só viajava de primeira classe.

É provável que o segredo do modelo britânico de sociedade esteja no fato de ninguém ser excluído de antemão; todos podem se tornar uma *lady* ou um *gentleman*. Talvez seja exatamente a permeabilidade da sociedade britânica de classes que faça com que seja interessante para todos os envolvidos a manutenção das diferenças entre elas. Quem quer ser um senhor de respeito tem apenas de se comportar como tal.

Meus parentes russos

Os antigos pontos de encontro da alta sociedade se tornaram "infreqüentáveis" porque foram ocupados pelos novos-ricos russos. Nem mesmo o rico mais deselegante pode aparecer com a consciência tranqüila em lugares como St. Moritz. Sim, a riqueza em si agora é tida como algo vulgar, e os principais responsáveis por isso são os novos-ricos russos. Eles transferiram os limites da falta de gosto, aos quais chegaram, para novas dimensões. Há uma foto famosa que mostra um multimilionário oligarca em seu palácio usando chinelos de dedo de borracha e calças de moletom. Apenas essa foto já permite que ele seja arrancado de seu jatinho particular pelas tropas de elite russas e julgado. Um oligarca fugido de Putin, que vive em Londres, comprou uma casa no Eaton Place, fazendo com que Notting Hill não seja mais considerado o pior lugar para ver e ser visto.

A exportação de russos ricos nos últimos anos teve um efeito lastimável sobre a elegância na Europa. Por sua vez, os pobres russos que tiveram de fugir depois da revolução de 1917 enriqueceram a Europa naquela época. A boemia de Paris nos anos 1920 floresceu principalmente por causa da chegada de russos "originais". Naquele tempo, atrás de alguns volantes de táxi e de alguns fraques de garçom escondiam-se alguns príncipes exilados e empobrecidos. Os aristocratas fugidos da Rússia eram cobiçados empregados domésticos, porque eram tidos como excelentes mordomos ou motoristas, graças a sua longa experiência em ser servidos. Muitos exilados russos estatelaram-se sobre o nada do Ocidente, caídos de um estofado ninho cheio de supérfluos e privilégios — e foi aqui que desabrocharam pela primeira vez, como um tio distante que conheci em minha infância, que tinha sido garçom em Paris e, segundo suas palavras, tido então uma vida muito mais emocionante do que a que poderia supor em São Petersburgo.

Um exemplo brilhante é Vladimir Nabokov, já citado, de família aristocrata, que durante a emigração em Berlim teve de escrever algumas vezes num banheiro, porque seu apartamento era tão pequeno que não havia espaço para tanto no quarto. Nesses dias, embora ele às vezes não soubesse de onde viria sua próxima refeição quente, seus poemas, contos e esboços de romances exalavam um sentimento de exuberante felicidade. "Quando caminho pelas ruas, pelas praças, ao longo do canal", ele escreveu naquela época, "sinto espalhado o lábio da unidade pelas solas esburacadas e carrego com orgulho minha felicidade inexplicável." Ele planejava até escrever um guia prático intitulado "Como ser feliz".

Nabokov viu a cor do dinheiro com seu romance *Lolita* [1955]; embora suspirasse pelo fato de seu sucesso ter demorado tanto tempo, fazia questão de lembrar que, mesmo nos tempos das mais duras necessidades, ele quase não se preocupara com coisas materiais. Já em seus escritos mais precoces ele se referia desdenhosamente aos exilados russos que choravam por suas propriedades.

Naturalmente existiram casos assim, mas na maioria das vezes os aristocratas fugidos enfrentaram sua decadência com tanta distinção que se tornaram exemplos eternos da dignidade. Minha avó materna, duquesa Maya Galitzin, e suas irmãs conheceram bem a grã-duquesa Xênia, irmã do czar russo Nicolau II, e não ficaram atrás na capacidade de lidar com perdas. Elas cresceram nas proximidades de São Petersburgo, no castelo Marino, construído por sua bisavó Sophie Stroganoff no começo do século XIX. No inverno, os Galitzin moravam em Nowgrorod, que não ficava muito distante. Na ausência da família, um velho tomava conta do castelo. Sua atividade principal era aquecer a casa, para que esta não se deteriorasse durante o rígido inverno. Todos os anos, os administradores repetiam o alerta a meu bisavô, Paul Galitzin, de que o homem estava ficando cada vez mais esquecido e não podia mais ter tamanha responsabilidade. Mas Paul Galitzin era incapaz de magoá-lo, e não o desincumbiu de suas tarefas. Certo dia aconteceu o que tinha de acontecer: o castelo incendiou-se. Uma das chaminés estava entupida; faíscas da lareira tinham iniciado o fogo. O castelo Marino teve uma nova construção provisória.

Esse tipo de teimosia era típica do meu bisavô, e mais tarde veríamos o lado bom disso. Por muito tempo, meu bisavô e minha bisavó, Alexandra Mestscherskaia, não conseguiram ter filhos. Finalmente nasceu Aglaida, a irmã mais velha de minha avó. Então, por gratidão, ele construiu um hospital "em sua aldeia"; três enfermeiras foram contratadas e um médico fazia visitas semanais — para uma região rural, um hospital como aquele era o máximo. Até então, todos os que precisavam de um médico procuravam meu bisavô. Em geral ele os ajudava na medida do possível e, quando o caso era realmente sério, mandava arrumar a carruagem e levava o doente ao hospital.

Quando a Rússia começou a entrar em ebulição no começo da Primeira Guerra Mundial, a enfermeira-chefe do pequeno hospital agitou um confronto, sem muito sucesso, contra minha família.

Ela era de São Petersburgo, onde meu bisavô a tinha contratado. Os bolchevistas tinham seguidores apenas nas cidades; nos campos eram detestados. As primeiras inquietações eram sufocadas imediatamente e seus líderes, presos e enforcados. A tal enfermeira fugiu e foi até meu bisavô a fim de pedir-lhe perdão. Poucas semanas antes ela dissera-lhe abertamente quanto esperava pelo dia em que ele e sua família fossem enforcados. Qualquer conhecedor do ser humano teria entregado a mulher no ato. Não Paul Galitzin: ele lhe deu algum dinheiro e acompanhou-a em sua carruagem até a estação, onde ela embarcou num trem e nunca mais apareceu.

Meu bisavô não teve de testemunhar a revolução, a decadência de seu mundo. Ele morreu honrado, sem dores e sereno no ano do início da guerra. Seu corpo foi carregado pelos homens da aldeia por 15 quilômetros até o castelo Marino, onde foi enterrado em seu jardim preferido.

Durante sua vida, meu bisavô tendia a uma generosidade quase teimosa. Muita gente acha plausível acreditar numa recompensa após a morte. Em primeiro lugar, porém, há poucas coisas mais honradas do que uma porção de teimosia honesta e, em segundo, o comportamento de Paul Galitzin foi recompensado ainda em vida: sua mulher e seus filhos, todos, sobreviveram à revolução. Eles conseguiram chegar ao Cáucaso e fugiram de lá para Constantinopla. Uma das irmãs chegou finalmente a Londres, as outras a Nova York, minha avó a Budapeste, onde se casou com o conde Széchenyi, e tia Ana, da qual ainda tenho boas lembranças, a Salzburgo. Eu a vejo na minha frente, sentada em seu minúsculo apartamento de um quarto, servindo chá numa xícara um pouco lascada e contando sobre a vida. Cacarecos enchiam cada centímetro do cômodo, cartas, fotos em molduras, livros. Mas, graças à presença de minha tia, o lugar lembrava o salão de um castelo de prazeres. Ela irradiava uma nobreza só alcançada pelas pessoas que já perderam tudo e agem como se nada tivesse acontecido.

Descobriu-se que meu bisavô também era um homem sensato, talvez até no sentido de nossa ética de praticidade, pois, além de sempre ter sido contra o apego exagerado às coisas materiais, ensinou isso a todas as pessoas a sua volta.

Parte II

Uma das coisas mais maravilhosas que podemos aprender com os heróis da pobreza é lidar de maneira não tão contábil com o sucesso e o insucesso. Pessoas que mantêm a cabeça erguida mesmo em situações difíceis têm uma peculiaridade: mantêm-se ativas até nas crises. Elas dispõem de uma dignidade independente das circunstâncias externas e, muitas vezes, têm a capacidade de encarar o fracasso como oportunidade.

O complicado na sorte é que ela às vezes se apresenta a nós muito bem disfarçada de azar, da mesma forma que às vezes o azar usa a encantadora máscara da sorte. Foi o que aconteceu com o desempregado que ficou milionário, mas não soube lidar com a sorte: trocou a cerveja sem marca pela loira gelada da moda, comprou um Lamborghini e sua vida passou a girar basicamente em torno de álcool, baladas e mulheres. Cinco anos depois de sua sorte milionária, o "Lothar da loto" morreu. Não é raro que aquilo que imaginamos como sorte venha a ser exatamente o contrário. Oscar Wilde foi ao ponto com uma bela frase: "Quando Deus quer castigar os homens, escuta suas preces".

Vamos avançar um pouco e — pode até parecer um paradoxo — enxergar no fracasso o segredo do sucesso. Se Vladimir Nabokov não tivesse acabado no exílio, empobrecido, teria morrido como rico colecionador de borboletas e escritor de segunda classe. Para a sorte de todos nós, porém, mas provavelmente também para a dele, Nabokov perdeu tudo. Não só triunfos consagradores e fracassos inegáveis são muitas vezes assustadoramente próximos, como também a perda, o fracasso e o assim chamado azar são as reais precondições para um sucesso de grandes proporções.

Quem buscar uma imagem idealizada de felicidade com certeza ficará infeliz. A pobreza verdadeira atinge as pessoas não pela falta de coisas quaisquer, mas pelo desejo de perfeição, seja na saúde, seja na beleza, seja na riqueza. Quem aprende a valorizar a vida com suas imperfeições e consegue ficar bem na foto especialmente em situações de crise pode talvez experimentar algo como uma vida feliz.

Falando genericamente, há duas possibilidades de enriquecer. Possibilidade 1: a pessoa trabalha com o intuito de conseguir satisfazer todos os seus desejos. Depois, ela se cansa e sonha com as coisas que não estão a seu alcance. Quando essas coisas finalmente são amealhadas, a pessoa descobre que elas não trazem felicidade. Possibilidade 2: a pessoa modifica seus desejos.

Preciso desapontar os leitores que esperam encontrar nos próximos capítulos instruções precisas, que podem ser seguidas passo a passo, para tornar as pessoas felizes, ricas e cheias de sucesso. Minha intenção é estimular o exame de todos os desejos que nossa indústria de consumo nos impõe, mas que na verdade são chatos e de mau gosto. Adianto que quem se mantiver fiel a desejos assim nunca se sentirá rico. Rico, porém, ficará aquele que conseguir desprender-se deles.

Dessa maneira, a primeira regra do empobrecimento com elegância é: estabelecer prioridades nos gastos. Você pode escolher, por exemplo, assinar vários jornais e pagar mensalmente operadoras de televisão, com seu excesso de programas idiotizantes, ou ler um bom livro.

O luxo verdadeiro não está disponível em lojas de departamento; muito menos é vendido por catálogo. Ele está muito mais na autoconsciência contra tentações supérfluas, que não embelezam nossa vida, mas apenas a enchem de lixo. Quem realmente quer ser rico precisa ter a coragem de reconquistar ao menos uma parte de sua soberania e permitir-se, por exemplo, apenas o que traz prazer genuíno, em vez de entrar na frustrante roda-viva do consumo.

É possível ser rico de verdade sem dinheiro ou, pelo menos, com pouco dinheiro. A questão é o estilo de vida que você adota. Por muito tempo essa palavra foi um conceito-chave da indústria de bens de consumo — no futuro, o segredo para uma vida melhor será um estilo de vida soberano.

*"De que adianta o dinheiro,
se é preciso trabalhar para obtê-lo?"*

GEORGE BERNARD SHAW

O dinheiro ou a vida

Trabalhe menos, viva mais!

As primeiras semanas de minha existência como ex-funcionário foram incomuns. Evito a palavra "desempregado", pois havia muito que fazer em casa. Minha mulher foi a primeira a assumir a mudança e não via mais o jornalista em mim, mas a tão desejada ajuda doméstica que falava a mesma língua que ela. Nas festas, entretanto, eu gostava de responder à obrigatória pergunta QSP ("Qual sua profissão?") dizendo que era desempregado somente para punir a pessoa que perguntou. Certa vez, me dei ao trabalho de contar o tempo necessário para que a pergunta QSP viesse à tona nos diferentes segmentos. Profissionais liberais, advogados e médicos precisavam de um a dois minutos, publicitários e o pessoal da mídia faziam a pergunta depois de, no máximo, trinta segundos.

A pergunta QSP é tão careta quanto ultrapassada; passou-se o tempo em que era possível definir as pessoas por meio de seu trabalho, pois elas estão cada vez mais sem emprego. E também porque quem ainda não foi demitido faz bem em não ver o trabalho como a única possibilidade de dar sentido à vida. O trabalho foi planejado, originalmente, como punição pelo atrevimento de Eva no Paraíso: "Com o suor de teu rosto comerás teu pão...", e assim por diante. Em seguida, tornou-se necessidade. Por meio de Lutero e Calvino, um mandamento moral. Mas o trabalho é o que menos serve para preencher a vida, pois em geral significa a fuga da vida. Sentimos um *horror vacui* (o que os filósofos chamam de horror ao vazio, a ânsia de sempre desempenhar uma atividade) ao imaginar que o trabalho (e todo reconhecimento, prestígio e *status* que o acompanham) alguma dia deixe de existir.

Uma opinião corrente durante longo tempo na economia era a de que a vida pessoal de muitos *workaholics* (viciados em trabalho) pode ser um desastre, mas, em compensação, eles dão o máximo de si no trabalho: estão dia e noite disponíveis para resolver os problemas da empresa, identificam-se totalmente com ela e dedicam-lhe toda a sua força. Essa opinião há muito está ultrapassada. As escolas de Administração mais importantes do mundo, seja Harvard, seja Insead, agora ensinam que um funcionário desse tipo é um risco para os custos e a produtividade das empresas. Em geral são bombas-relógio em contagem regressiva, que em algum momento não serão mais produtivas e provavelmente terão um colapso. Nos dias de hoje, de total acessibilidade ao emprego — por meio de celulares e *laptops* —, a pessoa que não consegue encontrar uma válvula de escape para ficar em paz e se recuperar, ter a oportunidade de reorganizar as gavetas de sua cabeça e pensar em outras coisas comete um atentado contra sua saúde, sua força espiritual e, do ponto de vista empresarial, contra sua produtividade. Além disso, vários estudos recentes provam que as pessoas especialmente ambiciosas tendem à insatisfação, à melancolia e até à depressão.

Um dos principais riscos à saúde no trabalho, porém, não é o emprego em si, mas o medo de perdê-lo. O medo e o estresse provavelmente agem sobre a vitalidade e o sistema imunológico. Um estudo finlandês mostrou que, depois de quatro anos, o risco de infarto em empregados de empresas que demitiram em massa é cinco vezes maior do que antes da onda de demissão.

Cada vez mais cientistas vão descobrindo o que é exatamente estresse, a palavra que até agora servia como um tipo de conceito genérico para a carga físico-espiritual, sem estar realmente definida em termos médicos. Estresse não é simplesmente uma descarga aumentada dos hormônios cortisol e adrenalina, que serviam a nossos antepassados como um sistema de alarme próprio do corpo. O problema consiste, antes, na liberação desses hormônios em pequenas doses durante longos períodos de tempo, em vez de jorrarem intensamente uma só vez — por exemplo, para dar conta do trabalho intensivo, telefones tocando e pressão constante; eles passam a funcionar como um alarme continuamente ligado: a pessoa não relaxa nem permanece em máxima tensão, mas fica numa fase intermediária; ao longo do tempo, isso desmoraliza, cansa e frustra.

Nos Estados Unidos, cada vez mais empresas investem em meios para lutar de modo "proativo" (como Jürgen Klinsmann diria) contra o estresse de seus funcionários. Em muitas companhias californianas, os empregados se juntam uma vez ao dia para fazer exercícios de meditação e respiração, e a participação de todos é obrigatória. Em outras, massagistas passam de cadeira em cadeira oferecendo relaxamento na região dos ombros. Embora o efeito relaxante de uma massagem seja agradável, para a maioria dos empregados esse compromisso não é nada mais que um compromisso, e seus efeitos raramente duram.

Apenas a terapia cognitiva parece funcionar, e ela faz com que todas as outras tentativas de vencer o estresse pareçam perda de tempo. Precisamos compreender — e, se for necessário, ouvir de um terapeuta — que determinadas posturas, hábitos e pontos de vista sobre o trabalho devem ser questionados, para que possamos defender nossa vitalidade, nossa segurança. Desse modo, temos de pensar se faz sentido nos definir por meio do trabalho, se realmente traz felicidade ser um dos últimos a deixar o escritório, porque queremos parecer mais esforçados do que os outros.

Nas redações dos jornais, há muitos trabalhadores de corpo e alma, que se dedicam integralmente à profissão, que não precisam de vida pessoal, porque sua vida e sua paixão são o jornal. Mas, se olharmos com atenção, veremos que esses envolvidíssimos profissionais satisfeitos com seu trabalho revelam-se pessoas incrivelmente tristes, que sentem muita falta da vida, da qual tanto fogem.

Um desses jornalistas que vivem para o trabalho é amigo meu. Quando vim para Berlim e aportei num tablóide, ele era o redator-chefe. Eu o via sempre fazendo o jornal a mil por hora, fumando um cigarro atrás do outro, e tão bem que antes dos 30 anos já era chefe de um grande diário. Apesar de sua relativa juventude, ele ocupava um dos cargos mais importantes da cidade, senadores o reverenciavam, colegas mais velhos o invejavam. Numa manhã de verão, ele acordou com um peso esquisito no peito. Ele disse que a sensação era a de carregar uma pedra de granito. Seu braço esquerdo doía alucinadamente: infarto, aos 33 anos.

Outro conhecido meu fez uma experiência quase inversa à minha, já que na época em que fui demitido ele se tornou sócio de um escritório de advocacia. Como eu, ele é casado e tem dois filhos pequenos. Ele trabalha dezesseis horas por dia em vez do ocioso ritmo de doze, estuda processos durante o fim de semana e toma um avião a cada dois ou três dias para Frankfurt, onde montou uma segunda casa, já que a maioria de seus clientes é de lá. Em vez de viver no bairro de Schwabing, em Munique, ele passou a morar (ou sua família passou a morar sem ele) ao sul de Munique, numa bela casinha com jardim ("por causa das crianças"). Ele vai conhecer os filhos provavelmente na puberdade, e sua mulher irá se espantar quando ele, algum dia, cruzar seu caminho, mas ao menos eles não passarão por dificuldades financeiras — talvez.

Passar por dificuldades financeiras, admito, é sempre muito desagradável, principalmente quando se tem filhos. Mas conseguir ter um pouco de prazer na vida, do qual somos excluídos como trabalhadores-padrão, também tem suas vantagens. Embora eu tenha de batalhar duro para vencer os custos fixos, como jornalista *free*, e precise manter minha família com meus rendimentos irregulares, não fico mais preso num escritório enfumaçado, com ar-condicionado mal regulado e vista para um pátio interno. Quando abro a janela, agora, sinto que entra ar fresco. Para chegar até meu local de trabalho, da mesa do café-da-manhã até o computador, preciso de dez a vinte segundos, não preciso mais encarar tenebrosos congestionamentos e demorar duas horas por dia para chegar ao trabalho. Desde minha demissão, nunca tive tanto tempo para trabalhar de verdade. Na redação, às vezes eu matava horas com leituras de jornal que no fim eram inúteis, conversas intermináveis, fofocas, discussões com colegas, além das dilatadas horas de almoço, de ritual próprio — finalmente eu posso evitar todas essas coisas irritantes que são pura perda de tempo.

Uma parte significativa de meu trabalho ainda consiste em ler. Ao menos não faço isso num escritório abafado, mas, se o tempo permitir, na varanda. Naturalmente demorou um pouco até minha mulher compreender que não dá para ela saber de cara se eu estou imerso em meus pensamentos ou cochilando ao sol. Meu escritório ainda é meu porto seguro. Quando sua porta está fechada, fica proibida qualquer tentativa de contato comigo. As crianças, minha mulher, o carteiro, o oficial de justiça e até mesmo o chanceler da República não podem entrar. É preciso impor tais limites. Senão, as coisas não funcionam. Conheço um assessor financeiro de sucesso que trabalhava num banco de investimentos e se tornou autônomo; desde então trabalha em casa. Lá ele aplicou a regra de que, quando está de gravata e paletó, só atende aos assuntos familiares que forem emergências. ("Não, não posso ler nenhuma historinha para você agora. Por favor, por favor, me deixe trabalhar um pouquinho!") Sua gravata é o sinal de que "papai não quer ser perturbado". ("Eu prometo ler para você. Mas daqui a dez minutos. Deixe-me terminar de escrever isto e vá falar com a mamãe!") Tenho de experimentar o truque da gravata; certamente funciona.

A vantagem principal, porém, é a de que o desenrolar de meu dia não é determinado por uma empresa; tenho o luxo de fazer não apenas o que quero, mas também quando e como quero. Se não tenho vontade de ficar sentado à escrivaninha, mas preciso fazê-lo, uso um velho truque que ajuda em muitas situações: encaro o trabalho como um jogo. Se estou diante de um texto em forma bruta, que precisa ser lapidado, não digo a mim mesmo: "Comece a trabalhar", mas tento brincar com ele. As coisas ficam mais fáceis no momento em que as encaramos ludicamente.

Quem encara o que faz unicamente como maneira de ganhar dinheiro e não investe nem um pouquinho de paixão no trabalho torna-se tão infeliz quanto aquele profissional que o transformou em sua segunda religião. O segredo é desenvolver um relacionamento mais descontraído com o trabalho e encará-lo de modo mais lúdico. Quando entendemos nossa profissão como um jogo, podemos nos dedicar a ela da mesma maneira que encaramos um jogo. Afinal, enquanto estamos envolvidos, levamos o jogo a sério e não o vemos como simples desperdício de tempo. Mas, na hora em que ele acaba, não caímos no vazio. E, se perdemos, começamos uma nova partida.

A aptidão para o jogo é da mesma família da capacidade ao ócio. Aprendi desde pequeno que o ócio é algo sagrado. É no ócio que o homem está mais perto de si. Apenas no ócio, ou por diversão, ele é capaz de grandes coisas. Albert Einstein desenvolveu a teoria da relatividade quando estava num barco a remo no lago da cidade de Caputh. A lâmpada incandescente foi criada por um inventor amador, um joalheiro alemão, e a internet, por alguns viciados em computação que conectaram suas máquinas por brincadeira. Em seu livro *Kulturgeschichte der Neuzeit* [História cultural da Idade Moderna], Egon Friedell declara que é preciso estar ciente de que algumas das maiores descobertas da humanidade foram feitas por um lúdico espírito inventivo, por diversão — *diletto* —, ou seja, por diletantes, sem profissionalismo.

Meu antigo professor de latim, doutor Deutsch — um homem incrível, porque era uma relíquia dos tempos passados, quando ainda havia castigos corporais, que distribuía cascudos por verbos mal conjugados e que pendurava um "não é?" em cada segunda frase —, sempre dizia que existem apenas duas coisas detestáveis: a preguiça e o orgulho. Mas para muitos de nós, nobres empobrecidos, o orgulho — que apenas era uma outra palavra para consciência de classe — era a única coisa que ainda possuíamos. E nossa capacidade ao ócio, ou seja, a "preguiça", era a condição para podermos usufruir de coisas das quais realmente gostávamos.

Felizmente, ao nascer recebi tanto a capacidade ao ócio quanto uma tendência a atividades lúdicas. No último século, os membros masculinos de minha família passaram boa parte da vida caçando ou jogando baralho. Na Alemanha dos anos 1980, porém, a caça não era mais uma atividade digna para um nobre empobrecido. Para meu pai, caçar significava levantar no meio da noite, percorrer distâncias consideráveis até chegar à propriedade de um amigo, conhecido ou parente, e agachar-se atrás de um arbusto qualquer no maior frio — mas quando ele voltava três dias depois, com um sorriso orgulhoso e cheirando a mato, trazendo a caça, sua felicidade era enorme.

De acordo com o *ranking* dos membros masculinos de minha família, depois da caça vinha um vazio muito grande e então se iniciava o jogo de baralho. No momento em que três ou mais parentes estão reunidos — tios, tias, primos —, as cartas são distribuídas. E se a "quarta pessoa" estiver faltando, não há como escapar, mesmo os familiares com graves deficiências têm de participar. Tia Coruja, por exemplo: por causa de um tique nervoso no olho, ela conseguia permanecer com as pálpebras abertas por muito pouco tempo. Então ela jogava de olhos fechados e piscava somente às vezes, como se para fotografar o momento. Meu pai jogou até o fim, mesmo nos estágios avançados do mal de Parkinson. Pouco antes de morrer, já com muita dificuldade para falar, ele visitou o irmão mais novo, George, e disse que queria ir até a "mesa do jardim". Tio George o levou para fora, mas meu pai reagiu rispidamente, pois estava se referindo à "mesa de cartas".

Quando eu era adolescente, achava suspeita a paixão de minha família pela caça e pelo baralho. Hoje, suponho que ela esteja apoiada num conhecimento mais profundo, que eu ainda não decifrei por completo, mas que pode ser uma vantagem cultural. Um descendente empobrecido dos nobres franceses Montmorency, cuja família perdeu tudo na crise econômica de 1929, arranjou um emprego de gari em Paris. Mesmo assim, vivia sempre muito alegre por trabalhar ao ar livre. Uma história pode explicar o motivo de tanto empenho e satisfação em seu trabalho de gari, por mais que fosse cansativo e monótono. A estratégia de Montmorency era elaborar um sistema lúdico enquanto trabalhava: ele dividia a rua em determinadas áreas, que deviam ser varridas em certa seqüência; assim, a cada etapa, ele tinha novos objetivos, e isso exigia toda a sua concentração.

Sem sombra de dúvida Montmorency era mais feliz que muitos de seus colegas. O famoso psicólogo húngaro Mihaly Csikszentmihalyi criou o termo *flow*, que indica os momentos nos quais estamos totalmente absorvidos por nossa atividade, o tempo fica parado e nos sentimos plenamente satisfeitos. Esse *flow*, que é percebido como algo gratificante, pode surgir no trabalho, mas acontece principalmente no jogo. Quanto maior nossa inclinação ao lúdico e quanto mais protegemos nossa veia lúdica, mais felizes somos no trabalho.

A opinião de que o trabalho deveria ser entendido apenas como puro cumprimento de deveres manteve-se durante muito tempo. No final do século XIX, quando esse tipo de enaltecimento do trabalho alcançou seu ápice, o economista Thorstein Veblen, filho de imigrantes noruegueses, escreveu seu famoso livro *A teoria da classe ociosa* (1899), uma difamação da classe que se diverte com jogos e brincadeiras. Hoje sabemos que a capacidade para jogos e brincadeiras pode ser nossa salvação, porque é a única coisa que nos resta.

Há alguns anos, a Fundação Mikhail Gorbachev convidou os mais importantes economistas, políticos e líderes empresariais do mundo para uma conferência sobre o tema "O futuro do trabalho" num hotel de luxo em São Francisco. A conclusão unânime dos especialistas presentes foi esta: no século XXI, 20% da população economicamente ativa será suficiente para manter a economia mundial em atividade. "Não será preciso mais força de trabalho."

Naquela época, John Cage, principal executivo da empresa estadunidense de computadores Sun Microsystems, alardeava numa mesa de discussões: "Nós empregamos quem precisamos no momento, agora de preferência bons cérebros da Índia. As pessoas são contratadas pelo computador, trabalham no computador e são demitidas também pelo computador. Buscamos simplesmente os mais espertos. Com nossa eficiência, conseguimos elevar nossa receita desde o começo, há trinta anos, de zero para mais de 6 milhões de dólares".

Em seguida, falou seu vizinho de mesa, David Packard, co-fundador do gigante da tecnologia Hewlett-Packard: "Quantos funcionários você precisa de verdade, John?".

"Seis, talvez oito; sem eles estaríamos perdidos. Mas tanto faz em que lugar do mundo eles morem."

"E quantas pessoas trabalham hoje para a Sun Systems?"

"Dezesseis mil. Exceto uma pequena minoria, elas são uma reserva de racionalização."

Em 1516, quando escreveu *Utopia*, que batizou todo um gênero literário, Thomas Morus sonhava com o dia em que os homens quase não precisassem trabalhar. Quase alcançamos essa utopia. Mas a questão vem com um pequeno defeito: onde apenas uma minoria dispõe de rendimento regular, também apenas uma minoria tem dinheiro para o consumo. Já em 1958, bem antes de o desenvolvimento atual ser previsível, Hannah Arendt escreveu em *A condição humana* [10. ed. Rio de Janeiro: Forense Universitária, 2005]: "O que nos espera é a perspectiva de uma sociedade de trabalho na qual o trabalho acabou, ou seja, a única atividade com a qual ela se identifica. O que poderia ser mais desastroso?".

A lição que se tira é a urgência de encontrar identidade e reconhecimento por meio de uma atividade que não seja remunerada. Senão, quando não temos mais trabalho, ficamos à mercê da ameaça do vazio ou, o que não é nada edificante, ficamos tentando de todas as maneiras agir como se nada tivesse acontecido. Na hora do almoço, quando estou na região onde fica o escritório no qual trabalhava, vejo uma porção de jovens que se encontram para almoçar rapidamente. Parece que todos têm um trabalho para o qual precisam voltar, mas é muito mais provável que estejam apenas simulando o horário de almoço a fim de, em seguida, voltar para casa.

Em Berlim circulam supostamente 10 mil jornalistas desempregados. Se acrescentarmos aqueles que sofreram as conseqüências do estouro da bolha da chamada nova economia, que ocorreu um ano antes da onda de demissões na mídia, e todas as vítimas das áreas afins (por exemplo, das agências de publicidade e das abomináveis assessorias de imprensa), verificaremos que Berlim finalmente tem uma nova chance de desenvolver uma espécie de boemia. Mas, em vez de indivíduos alegres desenvolvendo grandes idéias nos cafés, vemos na cidade pessoas com fisionomia caída, antigos colegas sempre mal-humorados, lamurientos ou, no melhor dos casos, melancólicos. Eles reclamam da sorte e permanecem tão ocupados em solicitar reembolsos da previdência social, em cartas artisticamente redigidas, e preencher formulários para se tornar "pessoa jurídica" que não têm tempo de ser boêmios.

Um antigo colega meu, que escrevia para um jornal que não existe mais, ainda faz de conta que é um jornalista muito ocupado. Ele passa suas tardes na área da cidade onde se concentram os gabinetes do governo e participa, principalmente, de todas as coletivas de imprensa que oferecem alguma coisinha para comer no final. Assim ele economiza o almoço. Nas conversas, ele procura evitar qualquer impressão de que lhe falta trabalho. Às vezes, em algumas transmissões de programas de TV, dá para vê-lo em coletivas entre os outros jornalistas, anotando tudo com afinco.

O motivo para a construção dessas fachadas é a suposição maluca de que só alcançamos reconhecimento social por meio do trabalho. Da Antigüidade até a Reforma, todas as pessoas sensatas achavam que o trabalho era algo que atrapalhava a vida propriamente dita. O sentido e o objetivo do trabalho era possibilitar o ócio. Precisamos retornar a esse ponto! Mesmo se passamos a ganhar menos dinheiro, temos de voltar a ver o trabalho como um mal necessário, não como a solução de nossos problemas. Precisamos nos lembrar de que, durante um longo período de nossa história, o trabalho não era nada virtuoso. Virtuoso era ajudar pessoas, medicá-las, ensiná-las ou protegê-las. Trabalhava-se por necessidade do dinheiro ou por ambição. O trabalho recebeu seu componente moral apenas mais tarde, depois da Reforma. Lutero foi quem cometeu o erro de usar a palavra "profissão" como sinônimo de "trabalho".

Por muito tempo as pessoas evitaram assumir a nova ética de desempenho, mas em algum momento elas cederam. O trabalho e o "direito ao trabalho" — segundo Marx e Engels um dos direitos humanos fundamentais e, desde então, parte integrante das propostas eleitorais de todos os partidos alemães — tornaram-se cada vez mais a marca distintiva do europeu central. O fato de o genro de Karl Marx, Paul Lafargue, ter se indisposto com o pai de sua mulher por advogar justamente o que dizia o título do seu livro, *O direito à preguiça* (1880), permanece infelizmente como uma nota de rodapé da história.

"Atualmente um cômodo parece luxuoso quando está vazio."

HANS MAGNUS ENZENSBERGER

Ame seu lar

O valor da casa

A frase "minha casa é meu castelo" foi citada tantas vezes que seu sentido se perdeu totalmente. Depreende-se dela uma mentalidade de fortaleza, a sensação de invulnerabilidade dentro de casa, mas principalmente certo orgulho do próprio lar. Os ingleses acham que sua palavra *home* é única, veneram o lar como um pequeno reino, no qual exercem ilimitada autoridade. Todos os ingleses que conheci tinham uma capacidade muito desenvolvida de enxergar sua casa como fortaleza, mas ao mesmo tempo também como um tipo de palácio.

As casas geminadas nos antigos subúrbios de Londres, agora usurpados pelas cidades, foram realmente concebidas em sua grande parte no século XIX como palácios em miniatura. Os donos de terras e de fábricas construíam conjuntos habitacionais para seus trabalhadores, com parcelas idênticas e, de determinado modo, semelhantes a sua propriedade rural: cada casa tinha um miniparque (o pouquinho de verde atrás da casa) e uma sala, porque as pessoas não se reuniam mais na cozinha ao lado do fogão. A sala abrigava uma lareira, como no castelo. Essas vilas eram construídas para libertar os trabalhadores de suas casas em porões e em quintais. Parte da ideologia vitoriana era elevar a ambição, o gosto e as condições de vida das massas.

Hoje, cem anos depois, qualquer um pode decorar seu apartamento num padrão que só era possível, num passado nem tão distante, a uma ínfima minoria. Podemos considerar nossa casa, por menor que seja, como um palácio. E quem sente dificuldade nisso pode ao menos achar que tem um grande quarto de hotel. A menor das casas ainda é maior que qualquer suíte "júnior" dos modernos hotéis de luxo. Se você se aflige por estar num apartamento de dois cômodos, imagine-se numa suíte com cozinha integrada de um dos poucos hotéis que ainda não sucumbiram à estandardização global. Chame seu banheiro de espaço do *spa*. Funciona! O romance, de Joris-Karl Huysman, *Às avessas* (1884), que é citado em *O retrato de Dorian Gray* [1891], de Oscar Wilde, como misterioso "livro amarelo", descreve muito bem como é possível se sentir — com um pouco de criatividade e capacidade de imaginação — nos Mares do Sul dentro do próprio banheiro: "Salgamos a água salgada dentro da banheira, acrescentamos sulfato de sódio, cloreto de magnésio e cálcio, tiramos de uma caixinha bem fechada um novelo de barbante ou um pedacinho de corda, que trouxemos nós mesmos de uma grande marina, cujas amplas instalações têm cheiro de água do mar, respiramos o perfume profundamente...".

Dá para levar uma vida respeitável no menor dos espaços. Um pequeno apartamento pode ser muito mais agradável do que uma mansão moderna, de mau gosto, contanto que se deixem de lado alguns conceitos de conforto. O conforto dita a estampa do estofado, a elegância dita cadeiras que ficam junto às paredes. O conforto ama tapetes, a elegância ama chão frio, mesmo que seja um carpete de madeira. O conforto ama a reunião de coisas, a elegância, a retirada delas. O conforto ama o estar próximo, a elegância, o vazio.

O maior inimigo do bom gosto sempre foi o dinheiro. É muito fácil atestar isso com base em minha família. O fato de ficar cada vez mais pobre ao longo dos séculos tornou-se algo vantajoso para ela. Antigamente, era comum nos castelos que cada geração descartasse o estilo da anterior. Dessa maneira, os mais lindos quadros eram repintados, as maravilhosas mesinhas barrocas eram trocadas por ostentosas peças do estilo imperial, móveis barrocos fantásticos eram substituídos por lixo histórico. Não faz muito tempo que os ricos desenvolveram gosto por móveis antigos. Até cem anos atrás, tudo o que era "velho" era jogado fora.

Na época em que o gosto começou a decair a seu redor, minha família felizmente não era mais rica o suficiente para sair atrás de móveis novos. Então, manteve os móveis do século XVIII e continuou a usá-los, em vez de substituí-los por horrendos cacarecos novos. Existem exemplos constantes de que as crises financeiras sempre se tornaram vantagens culturais. A famosa igreja Frauenkirche, de Munique, só tem suas inconfundíveis cúpulas porque no século XVI a cidade não tinha dinheiro para as planejadas torres pontiagudas. É apenas por causa da miséria financeira daquele tempo que Munique ostenta agora esse símbolo.

A regra principal é a seguinte: quanto mais dinheiro, maior o perigo da confusão no quesito gosto. Embora a receita extra geralmente acabe na compra de porcarias, o empobrecido elegante tem de cuidar para morar numa cidade onde o custo de vida não seja muito alto. As grandes cidades, em geral, são simplesmente contra-indicadas para empobrecidos.

As maiores cidades alemãs, exceto as imperiais livres e as hanseáticas, foram moradias de príncipes ou monarcas — e todas as culturas cortesãs são regidas principalmente pelo esnobismo. O protótipo de todas as cortes reais era a de Versalhes. Para entender o esnobismo do sistema que existia nas cidades de Munique ou Hannover, do mesmo modo do que em Dresden ou em Kassel, o melhor é observar a corte francesa.

Na França real do século XVIII reinava uma hierarquia meticulosamente organizada. Apenas o rei e a rainha moravam num palácio, o qual devia ser chamado de *Palais*; a alta nobreza tinha de chamar seus palácios modestamente de *l'hotel*. No caso de um cidadão, falava-se de *maison*. A grande massa dos prédios urbanos formava as assim chamadas *maisons particulières*, cuja tradução "casas particulares" é insuficiente. Quem morava nelas levava uma *vie particulière* [vida particular], uma vida socialmente irrelevante. Norbert Elias chama isso um tanto brutalmente de vida "à margem". Nas culturas cortesãs só participava da vida pública quem tinha representação; levar uma *vie particulière* era algo lamentável, sem valor.

Essa mentalidade refletiu-se até nas camadas pequeno-burguesas mais inferiores. Em Darmstadt, Bonn ou Munique, quem queria mostrar que tinha se tornado alguma coisa precisava ostentar sua casa — e assim surgiu a temida *gute Stube*, uma sala na qual era melhor nem entrar apenas para tirar a foto da confirmação* e que era constantemente espanada. Os convidados eram chamados ao lugar somente duas vezes por ano, e tinham então de admirar fotos em porta-retratos de veludo e cacarecos quaisquer dentro de cristaleiras, comer bolos servidos nas melhores louças de café e tomar cuidado para não manchar a toalha de renda. A *gute Stube* é, por assim dizer, a forma implodida da representação cortesã.

Felizmente os dias da *gute Stube* estão contados, o "melhor" jogo de café foi descartado e os móveis são usados, e não conservados. Até porque ninguém mais quer ter o trabalho de ficar horas tirando pó, os cacarecos são removidos das casas e abre-se espaço. Atualmente existem em todos os lugares móveis simples e cheios de estilo que há poucos anos custavam uma fortuna.

Para manter — ou até melhorar — seu estilo apesar dos meios diminuídos, cada vez mais gente opta por viver de modo razoavelmente arcaico: em república. Os seres humanos passaram a maior parte de sua história vivendo em grupos. Não apenas estudantes, mas também pessoas empregadas, aposentados, irmãos e amigos adotam o modelo oposto à fragmentação desperdiçadora da sociedade em lares de solteiros. Até o governador do menor estado alemão mora numa república; várias famílias juntam-se com seus filhos crescidos porque assim ganham mais espaço, economizam dinheiro e unem suas forças para enfrentar a vida.

---

* Confirmação: equivale, no luteranismo, à crisma católica. O jovem submete-se ao rito entre os 13 e os 14 anos, depois de um período de ensino religioso, no qual é convidado, num ato solene, a professar sua fé e reiterar seu batismo. (N.T.)

Casas nas quais vivem várias pessoas e cujas portas sempre estão abertas para visitas exercem uma atração mágica sobre mim; sempre as achei mais simpáticas do que qualquer bar ou café. Mesmo em Hawelka, que ainda é o lugar mais parecido com minha casa, acabo ficando inquieto depois de um tempo, mas na casa de amigos, onde as pessoas entram e saem, me sinto à vontade e não vejo as horas passarem. Não há garçom que fica o tempo todo querendo colocar um copo na minha mão, os banheiros não se parecem com os da faixa de Gaza, e quase sempre é mais confortável ficar sentado nas salas do que nos cafés.

A melhor explicação para o que Schopenhauer quis dizer com sua fábula sobre os porcos-espinhos são essas casas. Os porcos-espinhos, segundo Schopenhauer, necessitam estar próximos e gostam de ficar juntinhos, mas os espinhos os afastam, até que "encontram uma distância média, confortável". A distância média das outras pessoas, não muito perto, mas também não muito longe, torna-se agradável e, de acordo com minha experiência, funciona melhor em casas que deixam as portas abertas às visitas. Mesmo na menor das cabanas é possível criar uma atmosfera de hospitalidade, de descontração, de simplicidade.

Uma das casas mais elegantes em que já estive era minúscula e ficava no primeiro andar de um prédio decadente em Budapeste. O apartamento era de meu tio Zsigmond, conde Nyáry, e eu o visitava às vezes na época em que a Hungria ainda fazia parte do bloco socialista. Sua filha mais velha não tinha voltado de uma viagem para o lado ocidental, e as autoridades fizeram os Nyáry sentir-se inimigos de classe, transferindo a família — pai, mãe e quatro filhos — para um apartamento de dois cômodos.

O apartamento dos Nyáry era a confirmação de que gosto e estilo podem prevalecer mesmo nas piores circunstâncias. De noite, ele funcionava como dormitório, mas logo cedo, quando todos tinham se levantado, o lugar era transformado. As janelas eram abertas, os colchões guardados em algum lugar, os livros reorganizados, as poltronas puxadas para a frente — e logo eu me encontrava no salão onde o tio Zsigmond recebia suas visitas. Seu aparelho de chá era bem misturado, com maravilhosas xícaras antigas lascadas diferentes umas das outras, e, quando chegavam amigos e conhecidos, a atmosfera era tão descontraída como a de uma casa no campo.

Zsigmond usava sempre os mesmos dois ternos, durante o dia um marrom e à noite um escuro, independentemente de aguardar visitas ou não, o que era raro. Ele era uma pessoa cuja aparência não mudava se estivesse a sós ou em grupo. Ele nunca deve ter pensado em afrouxar sua gravata ou calçar sapatos mais confortáveis apenas porque estava sozinho no apartamento. Se todo passo para fora da porta significasse sair, alguém disse certa vez, a pisada para fora do quarto seria uma saída. Mas algo assim só pode ser dito por gente que nunca topou com um homem como Zsigmond Nyáry.

Assim, a beleza de uma casa não vem por meio do dinheiro que gastamos nela ou pelo bairro onde está localizada, mas pela naturalidade com que as visitas ali são recebidas. É rico quem tem uma casa que atrai amigos. E é rico também quem tem amigos junto aos quais pode passar dias chuvosos quando seu mundo parece desabar. Nenhum potente aparelho de som, nenhuma televisão de plasma, nenhum móvel do melhor arquiteto pode transformar uma casa num lugar no qual gostamos de estar.

"Será que essa gente toda não tem casa?"

MINHA IRMÃ GLÓRIA

(ao entrar num restaurante lotado)

A comida "enche"

Comer "bem" e outros maus costumes

Ainda há pessoas que acreditam que dizer que em suas geladeiras não há nada além de uma garrafa de champanhe e um filme Kodak (ou um esmalte de unhas, se for o caso) ainda seja prova de um tipo de vida especialmente mundano. Essa atitude está totalmente fora de moda. Em primeiro lugar, a champanhe é considerada uma bebida inferior, para a qual são usadas uvas insatisfatórias à produção de vinho. E, em segundo lugar, há poucas coisas que, vistas à luz do dia, são tão pequeno-burguesas como "sair para comer", possivelmente na combinação comer "bem".

O homem urbano praticamente só tem uma resposta à pergunta "O que vamos fazer hoje à noite?": "Vamos sair para comer". E daí, quando finalmente está comendo, não fala sobre nada além... da comida. As conversas são deste tipo: "Ah, minha salada de rúcula está maravilhosa". "Por favor, experimente minhas tirinhas de peito de pato." "Hmm, divino." Depois que tudo isso é dito, chega como salvação o prato principal, que é o tema para a noite toda.

A assim chamada "gastronomia & entretenimento" deve ser considerada uma das pragas mais ameaçadoras da civilização. Ela se chama assim porque os convidados não querem apenas comer, mas também "vivenciar" alguma coisa, já que não têm mais nada a dizer quando estão sentados frente a frente. Na gastronomia & entretenimento, é importante que quem serve use saias havaianas e que o salão seja decorado preferencialmente com peças do dono. É preciso descalçar os sapatos para sentar sobre os estofados ou pelo menos tomar bebidas açucaradas em vasilhas de plástico que imitam casca de coco, decoradas com um guarda-chuvinha de papel. Hans-Peter Wordaz, que tocava no restaurante Ente im Lehel, na cidade de Wiesbaden, foi um dos primeiros a perceber que as pessoas preferem ser entretidas a conversar, e é preciso oferecer-lhes algo durante a refeição. Ele inventou a combinação de restaurante e circo, e há anos a leva em turnê pela Alemanha. Em sua tenda-restaurante, os garçons escorregam e sujam os clientes e há apresentações artísticas no palco. No final da noite as pessoas não trocaram uma palavra entre si e vão para casa felizes.

Houve um tempo em que procurávamos determinados restaurantes porque sua comida era especialmente boa. Hoje não há nada mais nos restaurantes do que basicamente tirinhas de peito de pato ou, pior ainda, rúcula. O que era considerado alta culinária há tempos deixou de apresentar algo comestível. Lembro-me ainda dos bons velhos tempos das cozinhas estreladas, como Eki Witzingmann dirigia o seu Aubergine, em Munique, e servia aos convidados preferidos rabada refogada e depois *Kaiserschmarren* [crepe imperial com passas], enquanto os advogados da mesa vizinha ficavam olhando para nós com inveja, porque não achavam no cardápio aquilo que estávamos comendo.

Quando foi inventada, a *nouvelle cuisine* tinha uma função magnífica: libertar a cozinha francesa da farinha e da gordura. Mas ela está ultrapassada há tempos: os cozinheiros, movidos por uma absurda pressão por novidades exercida por jornalistas especializados, passaram a apenas tentar se superar em originalidade, e isso os fez desaprender a cozinhar. Há pouco tempo fui convidado a um restaurante estrelado e, quando olhei o *menu*, soube que o apocalipse da *nouvelle cuisine* era iminente: lasanha de ostras? Hein? *Carpaccio* de espuma de cerveja? Como assim?! E como se o absurdo não tivesse chegado ao máximo: *sorbet* de *bacon* e ovo. Sim, é sério! Pedi o *sorbet*, por curiosidade. Veio uma bola de sorvete amarela e gosmenta — bastante nojenta —, que tinha gosto de gordura velha.

E o mais insuportável nos restaurantes não é tanto a comida, mas o serviço. Os garçons são sem-vergonha ou, o que é mais sem-vergonha ainda, tentam bajular com um tratamento para lá de meloso. O crítico de restaurantes da revista *Vogue* fez um curso para garçons e escreveu um livro a respeito. Desde então, sabemos que bons *maîtres* em Nova York ganham 75 mil dólares de gorjetas por ano e que há truques sistematicamente ensinados para aumentar o valor das gorjetas. O garçom só venceu quando dominou o cliente: isso começa na medida em que ele não coloca as pessoas nos lugares que elas querem, mas naqueles que ele determina. Então, se for dos bons, ele vai chegar junto à mesa, ignorar completamente o fato de que os clientes já estudaram o *menu* e sugerir, num tom imperativo, o filé de barbo, como se o fato de os clientes pedirem algo que tivessem escolhido fosse desaprovar toda a classe dos garçons.

Ir a um restaurante é uma tortura à qual muitas pessoas estressadas são obrigatoriamente submetidas. Começando pelo tempo. Sua profissão exige e, provavelmente, não lhes resta outra opção a não ser procurar esses lugares macabros, seja para aplacar sua fome, seja para participar de reuniões de negócios. Quem não está mais escravizado de manhã até a noite pela vida profissional e não pode mais usufruir de idas regulares a restaurantes tem todos os motivos para entender isso como um enriquecimento de sua vida. Um antigo colega meu, que também se vira como jornalista *freelance*, sempre me telefona para dizer que faz questão de "ir almoçar comigo". Tento explicar-lhe que isso é um mau costume, ao qual nós, empobrecidos, não estamos mais obrigados, pois existem maneiras mais elegantes de se encontrar com os amigos.

Em cidades como Londres, Paris ou Viena, é absolutamente normal convidar as pessoas para comer em casa, independentemente do tamanho dela. Não importa se a moradia em questão é um palácio, uma casa geminada ou um quartinho alugado, as pessoas convidam com regularidade uma porção de amigos para jantar, mesmo sem um motivo especial e mesmo se for só para um espaguete. Quem vive em restaurantes transparece falência social. Os restaurantes londrinos já foram considerados chiques, mas por pouco tempo. Hoje a situação é outra e as pessoas voltaram a convidar seus amigos para suas casas, porque, além de ser mais elegante, é muito mais descontraído.

O que é realmente desagradável é aceitar um convite para jantar de um novo-rico. A decoração das mesas dos novos-ricos sempre parece ter sido feita por um florista que estava se recuperando de uma tremenda dose de *ecstasy*. Com muita argila, areia e diversas madeiras, algumas flores formam monstruosas montagens e, caso a pessoa esteja em alguma cidade ou bairro próximo ao evento, são polvilhadas generosamente com pó de ouro falso. Não é raro que alguns galhos dessas esculturas rocem a sopa espumante de pepinos e coentro com pinhão, que por sorte não é preciso comer, porque as colheres certas são impossíveis de ser manejadas. Em geral há uma porção de copos na frente da pessoa, contendo vinho caro (mas com gosto de barato), que só se pode tomar se a taça for segurada pela haste e se se olhar antes bem fundo nos olhos do anfitrião. Muitas vezes achamos de nosso lado da mesa um cartãozinho com nosso nome escrito errado, mas pelo menos feito por um calígrafo, e precisamos ouvir as histórias sem graça do anfitrião sobre os aborrecimentos de ter uma bela casa de praia em Fuerteventura.

É muito mais agradável chegar a um pequeno apartamento de dois cômodos, onde duas dúzias de visitas se espalham entre a sala e o quarto, e têm de equilibrar o prato no colo, sentadas no canto da cama, tomando vinho barato e comendo macarrão com cogumelos desidratados; não dá vontade de sair. Num jantar em que as pessoas se sentam numa mesa posta, o número de convidados não deve passar de sete, porque assim a conversa pode envolver a mesa toda e as pessoas não precisam apenas se dirigir aos vizinhos, o que leva a um diálogo superficial rapidamente cansativo. Em casa os pratos podem apresentar uma lasquinha, e, se faltar uma alça na caçarola da sopa, muito melhor. Os talheres também podem ser uma mistura de garfos surrupiados, facas de qualquer marca barata e algumas colheres de prata.

O principal é não se preocupar com a comida. Poucas coisas são tão irritantes quanto anfitriões que ficam correndo o tempo todo da cozinha para a mesa, para lá e para cá, desculpando-se porque o assado virou um carvão e o molho desandou. Quanto menor o esforço para cozinhar, mais alegre será o jantar. Minha mulher e eu oferecemos aos nossos convidados basicamente um *curry* de legumes tailandês. O gosto é tão bom que parece que o prato foi cuidadosamente preparado por maravilhosos cozinheiros, mas na verdade não passa de uma mistura de legumes cozidos e molho picante de leite de coco.

Quando recebia convidados, minha mãe cozinhava sempre a mesma coisa: uma receita húngara com repolho chamada *kaposztás kocka*. Em seguida vinha a sobremesa húngara, um purê de castanhas. Ela sabia fazer apenas esses dois pratos, mas com perfeição. A comida nunca foi motivo de grande estardalhaço em nossa casa, e, como resultado, os convidados realmente conversavam e não perdiam metade da noite elogiando o cardápio, que certamente era maravilhoso, mas dispensava ser colocado em primeiro plano.

Nenhuma conta no vermelho, nenhuma casa, por menor que seja, rouba de um empobrecido elegante a possibilidade de receber convidados para jantar. Desde sempre, esse tipo de hospitalidade é muito bem-visto em todas as culturas. E seu papel é importante principalmente em países menos ricos, mesmo se o prato oferecido aos convidados for muito simples. Nesses lugares a comida é um evento comunicativo, no qual as pessoas que estão à mesa são o mais importante. Aqui, ao contrário, ou é a comida em si que é o ponto central, ou não percebemos com o que nos alimentamos.

Comemos para matar o tempo, por frustração, por prazer, mesmo quando não temos fome ou apenas sentimos vontade. A indústria da dieta tornou-se o único ramo da economia que consegue realizar aumentos contínuos de receita na Europa e nos Estados Unidos. Mas a maior parte do dinheiro escoa no tratamento de doenças cardíacas, pressão alta, diabetes, problemas nas articulações ou nas costas por causa do excesso de peso. A indústria enxergou nas conseqüências do vício de comer um mercado em crescimento. Nos Estados Unidos são gastos anualmente 3 bilhões de dólares em procedimentos cirúrgicos de redução do estômago.

O curioso é que, durante séculos, o excesso de peso foi considerado um atestado de riqueza material. Em nosso âmbito cultural, ao contrário, há aproximadamente cinqüenta anos vale a regra ditada por Wallis Simpson, a duquesa de Windsor: "Você nunca é rica ou magra o suficiente". Claro que é possível ser magro demais. Refiro-me aos jovens que, por nojo dos hábitos alimentares dos pais e professores, sucumbem ao outro extremo condicionado pela civilização, a anorexia. Por mais idiota que a afirmação seja, é impossível negar que a magreza se tornou um símbolo de *status*. Hoje, excesso de peso é um problema especialmente das camadas mais baixas, enquanto as classes altas perseguem o ideal de magreza e boa forma. Mas a noção de que a alimentação saudável tem de ser mais cara que a industrializada é uma lenda urbana. No repolho, nos tomates, nas maçãs, no feijão, nas batatas ou nas cebolas — os pesquisadores sempre descobrem nos alimentos vegetais novas substâncias imprescindíveis à saúde, e esses alimentos estão entre os mais baratos que existem.

Há tempos se sabe que há uma correspondência direta entre a alimentação e a saúde do corpo, mas a relação entre a alimentação e o bem-estar psíquico só agora está sendo (re)descoberta. Antes se dizia que "peixe é bom para a cabeça" e "barriga cheia não gosta de estudar", mas descartamos isso como sabedoria popular. Nesse meio-tempo, a pesquisa foi dotada de um número absurdo de milhões de euros e, de repente, chega-se ao resultado: peixe aumenta a inteligência e barriga cheia traz burrice e depressão.

A organização beneficente inglesa Mind financiou durante anos a pesquisa da relação entre comida e espírito. Em 2004 a conclusão foi anunciada: de acordo com o estudo, uma constante sensação de saciedade e substâncias como açúcar, cafeína e álcool impedem a produção do "hormônio da felicidade" do corpo, a serotonina, ao passo que a ingestão abundante de água e de verduras, frutas e peixes favorece a alimentação do cérebro com esse hormônio — se a pessoa não estiver entupida de comida.

O óleo ômega-3, presente nos peixes, parece ser um produto milagroso para o cérebro, uma espécie de lubrificante. Para o pesquisador em nutrição Peter Rogers, professor da Universidade de Bristol, não há dúvida de que uma alimentação rica em vitaminas e o consumo regular de peixes podem curar depressões brandas e aumentar a função cognitiva do cérebro. Pacientes que estavam em tratamento médico de depressão participaram de um experimento financiado pela já citada organização Mind, que os obrigava a se alimentar basicamente de frutas e verduras, tomar diariamente dois litros de água ou chá sem açúcar, além de comer peixe uma vez por semana. Espantosos 80% dos pacientes relataram uma melhora "significativa", e um em cada quatro deles citou o desaparecimento total dos sintomas de melancolia.

Michael Crawford, diretor do Instituto de Neuroquímica da Universidade de Londres, defende a tese de que, mesmo com o avanço dos tempos, por causa da má alimentação, o cérebro não evolui como antes. Se seu diagnóstico, de que o "componente genético da inteligência" está diminuindo em meio ponto percentual a cada geração na Grã-Bretanha, estiver correto, temos de temer por nossos amigos britânicos, pois haverá um dia em que até um simples jornal como o *Sun* será sofisticado demais para eles. Mesmo não sendo nosso costume comer *bacon* frito pela manhã e comida pronta durante o resto do dia, como fazem os ingleses, nossos hábitos alimentares são parecidos com os dos anglo-saxões. A cada mordida, além de mais gordos, ficamos mais burros. E isso está totalmente correto, pois, de acordo com as mais recentes pesquisas da Universidade de Cambridge, apenas uma única refeição pode afetar o cérebro. E assim chegamos novamente aos antigos ditados, longamente ridicularizados, de que "peixe é bom para a cabeça" e "barriga cheia não gosta de estudar".

A culpa por fazer uso do corpo como se fosse uma usina de incineração de lixo não é apenas do "consumidor idiota", mas também da indústria alimentícia, que, com seus esforços para produzir alimentos baratos, há anos elimina sistematicamente das comidas prontas substâncias importantes para o cérebro. Os óleos ômega-3 e ômega-6, tão valiosos para nosso cérebro, estão presentes não apenas no peixe, mas também na carne bovina, no leite, nos ovos e nas verduras, mas são eliminados da comida pela agricultura industrializada e pelos laboratórios da indústria alimentícia da melhor maneira possível, pois deterioram os produtos com mais facilidade. Essa é a razão por que não existem na comida pronta, no salame, na pizza congelada. Os únicos óleos que ingerimos em altas concentrações são os saturados, que entopem nossas artérias. E, porque é mais barato usar adubos químicos sem nutrientes, nossos alimentos tornam-se cada vez mais pobres em vitaminas. Além disso, a indústria acrescenta à nossa comida aditivos químicos, que a tornam mais durável, colorida, de sabor mais ressaltado, e que prejudicam nossa saúde.

Antigamente esses produtos químicos ficavam reservados aos pratos prontos; hoje quase não é possível achar no supermercado um produto industrializado sem excesso de conservantes, estabilizantes, acidulantes, realçadores de sabor, antioxidantes e cores artificiais. Sopas em pacote, pratos de preparo instantâneo e sopas enlatadas estão repletos disso, e os minutos que economizamos ao servir o espaguete não com tomates frescos, mas com um purê feito de pó esmaecido; ao fazer as panquecas não com três ingredientes, mas apenas com um, a massa pronta do freezer; ou ao regar os brócolis com o molho do sachê em vez de usar umas gotas de azeite, não são pagos apenas com um mal-estar palpável, mas geralmente também com mais dinheiro.

Um dos alimentos mais vendidos nos Estados Unidos são *twinkies*, pequenos bolinhos com gosto de esponja doce que, de acordo com as propagandas, são o lanche ideal para crianças em idade escolar. Os *twinkies* não têm data de validade porque são totalmente artificiais. Se forem deixados do lado de fora da janela por alguns dias, serão desprezados até por formigas e pássaros famintos; provavelmente os animais percebem que esses alimentos não lhes farão bem. Num processo judicial em São Francisco, advogados tentaram reduzir a culpa de um assassino pelo fato de ele supostamente ter comido *twinkies* em excesso antes do crime — os bolinhos teriam diminuído sua capacidade de julgamento. O tribunal não acolheu essa argumentação, mas aceitou o consumo excessivo de "besteiras" pelo acusado como indicador de seu estado de espírito depressivo e aplicou circunstâncias atenuantes.

Enquanto eu dispunha de um emprego seguro, não me importava com minha alimentação. Num dia de trabalho na redação, a comida era apenas um combustível; devia ser quente e podia ser gordurosa. Em casa, minha mulher cozinhava apenas verduras orgânicas selecionadas. Eu não parava para pensar que com o valor de alguns tomates e dois pepinos para salada na loja de produtos orgânicos dava para encher até a borda uma cesta de compras no supermercado. Salsicha barata com molho de tomate e *curry* na selva urbana, saudável abobrinha refogada em casa — nenhum dos dois tinha valor especial para mim. Isso mudou apenas depois de eu não ter mais tanto dinheiro disponível.

É claro que continuamos comprando produtos orgânicos, mas agora eu enxergo nisso um luxo consciente. Lembro-me muito bem de que, logo depois da minha demissão, eu estava tentando destrinchar o informativo adicional "Atividade autônoma", quando minha mulher chegou trazendo ovos da loja de produtos orgânicos. Na caixinha de seis unidades havia vários símbolos de lojas orgânicas, um carimbo de um instituto que testa mercadorias com a inscrição "Alta qualidade" e uma porção de desenhos engraçados. Eles mostravam galinhas em situações felizes, sentadas sobre ninhos de palha, ciscando grãos, empoleiradas em bancadas de janelas. Enquanto minha mulher faz questão de comprar ovos apenas de galinhas mantidas de maneira adequada, leite de vacas felizes e cenouras e pepinos livres e satisfeitos, posso ter certeza do valor de cada abobrinha. Apenas como empobrecido comecei a prestar atenção à qualidade. Apenas quando definimos prioridades é que começamos a evitar coisas supérfluas e aprendemos a valorizar o que realmente importa.

Recentemente encontrei um antigo conhecido que não via havia muito tempo e fiquei surpreso por ele não beber vinho. Eu me lembrava dele como um grande conhecedor e amante de vinhos, que ocasionalmente trabalhava como enólogo avaliador para uma casa de leilões. Ele me explicou lapidarmente que não podia mais comprar os vinhos dos quais gostava; os tempos tinham passado. Qualquer *bordeaux* minimamente bebível ultrapassava seu orçamento, e ele descartava as qualidades baratas. Então, tinha parado com o vinho e bebia apenas cerveja alemã, que, depois da água, era a bebida mais pura do mundo.

Não era comum desdenhar a cerveja como algo socialmente inferior, enquanto tínhamos acesso ao *prosecco*? E quantas vezes escolhíamos vinho em vez de cerveja, porque pensávamos que fosse mais fino? E então, resumindo suas décadas de experiência, um dos grandes especialistas de vinho da Europa diz que agora só toma cerveja. Talvez um exemplo para todos nós. A volta da cerveja é o que mais belamente ilustra o lucro cultural que nosso relativo empobrecimento pode significar.

"Toda a humanidade se divide em três classes: a imóvel, a móvel e a que se movimenta."

PENSAMENTO ÁRABE

Ginástica de graça

Como o empobrecido se mantém em boa forma

Não se compra boa forma. Não dá para substituir o exercício pela alimentação, mesmo a mais saudável, e muito menos por comprimidos ou milagrosos colchões magnéticos. As propostas de boa forma mais apreciadas são aquelas que prometem que não é preciso se esforçar, mas a situação é parecida com a daquela dieta, criada por um estadunidense, à base principalmente de carne gorda — ele se tornou um dos autores de livro mais ricos do mundo, mas morreu de infarto. Seus livros continuam *best-sellers*; agora existe também uma série de comidas com seu nome, e sua viúva processa qualquer pessoa que afirme que o marido morreu por causa da dieta que ele mesmo inventou. Uma empresa californiana vende tênis com sucesso no mundo inteiro, e sua propaganda diz que o usuário pode se manter em forma sem se mexer. Um mecanismo de molas supostamente "integra" exercícios musculares em movimentos do dia-a-dia, de maneira que o calçado faz o exercício pela pessoa.

Num tempo cujo símbolo devia ser o chinelo de ficar em casa, os acessórios de moda imprescindíveis são, ironicamente, os tênis Puma e o blusão Adidas. Anualmente muitos milhares de euros são jogados pela janela em toda a Europa para pagar mensalidades de academias de ginástica não freqüentadas. Preferimos gastar uma dinheirama em recursos que imaginamos amenizar nossa culpa a assumir nossa rendição à expansão do tecido gorduroso.

O ser humano não foi feito para o conforto no qual se instalou. Durante milhares de anos de sua evolução, ele acostumou-se a se movimentar durante muitas horas do dia, recolher alimentos, carregar presas. Biologicamente, o corpo humano não se modificou de modo significativo nesse período de tempo, mas surgiu ao nosso redor, paulatinamente, um mundo no qual abrimos mão de nosso corpo. Ao contrário de uma máquina, que pode ser deixada empoeirando por anos e funciona perfeitamente quando é novamente acionada, nosso corpo infelizmente sofre danos se não for bem-cuidado. Poupar-se sistematicamente leva a transtornos de metabolismo, fraqueza muscular, sobrepeso, problemas de postura, cansaço, falta de ar, distúrbios de sono, entupimento das artérias e, por fim, infarto e derrame.

Como essa notícia circulou, muitos reagiram tentando compensar sua vida sedentária e sem hábitos saudáveis por um tipo de culto à saúde. Mas por mais importantes que os exercícios sejam para a saúde e o bem-estar, poucas coisas são tão tristes de se ver do que as pessoas que perseguem a saúde como bem absoluto, subordinando-lhe todas as outras coisas. A religião da saúde, que está disseminada e que, como todas as religiões, tem adeptos moderados e fundamentalistas, alimenta-se de um desejo: o do bem-estar completo, de preferência eterno. A saúde, entretanto, não é algo absoluto; nunca estamos totalmente saudáveis. Quem passa o tempo todo preocupado principalmente com seu corpo leva uma vida muito limitada.

Quando eu ainda trabalhava no escritório, achava que podia comprar minha saúde. Eu pagava religiosamente a mensalidade da academia, mas nunca aparecia por lá ou, depois do entusiasmo inicial, cada vez mais raramente. Agora eu economizo esse dinheiro e, em troca, pratico esporte regularmente: com duas empunhaduras colocadas no chão para otimizar as flexões de braço e com uma barra colocada no batente da porta do dormitório, para outras flexões. Hoje, quando quero fazer alguns exercícios, não preciso mais pegar o carro para chegar à região comercial, não preciso mais trocar de roupa no vestiário que cheira a desodorante *spray* (aliás, deveria ser proibido em recintos fechados). Não preciso mais ir de aparelho em aparelho com uma ridícula prancheta na mão e esperar que um musculoso consumidor de anabolizantes, usando *legging* e camiseta rosa, finalmente libere o aparelho para os músculos lombares. E, quando quero correr, vou ao parque em vez de trotar na esteira e ficar idiotizado olhando para uma tela de televisão.

A modalidade esportiva mais elegante é caminhar rapidamente pela natureza, e todos os anos é reposicionada no mercado. No momento, creio, que estejam na moda as caminhadas nas várias versões: *hill-*, *nordic-*, *power-*, *zen-*, *race-*, *aqua-*, *vital-* e *body-walking*. As revistas querem nos convencer a cada duas semanas de uma nova tendência esportiva, mas o que realmente precisamos é de ar fresco e exercícios, e não cursos caros para aprender *tai chi*, *qi gong* ou *sensual fighting*. A indústria do lazer assegura que, para cada nova modalidade esportiva, é necessário um uniforme específico completo, o que faz com que cada vez mais leitores de revistas, usando as cores mais estapafúrdias possíveis e empunhando todo tipo de acessórios, povoem nossas áreas livres. Quanto menos necessidade temos de aparelhos e de moda no esporte, mais atestamos bom gosto. Para correr, uma calça de moletom antiga, um par de tênis e uma camiseta são mais do que suficientes. Mesmo se a corrida recentemente passou a atender por *jogging* e possivelmente seja relançada em breve com um novo nome, continua sendo a maneira mais simples e eficiente de escapar do inferno da comodidade que arranjamos.

Subir escadas tem o mesmo efeito da corrida. Quem sobe escadas durante oito minutos por dia, de preferência ficando sem fôlego duas ou três vezes, garante que o número de hemácias no sangue e, em conseqüência, a oxigenação aumentem drasticamente. Isso tem um efeito excitante e é, de longe, o estimulante mais barato que há no mercado. Nenhum *stepper*, mesmo o *ergo stepmaster de luxe*, consegue imitar o efeito positivo de subir uma escada de verdade. Madonna descobriu isso faz tempo. Quando fazia turnês, ela nunca usava o salão de ginástica dos hotéis em que se hospedava, mas pedia à gerência que bloqueasse as escadas por quinze minutinhos, e ficava correndo por elas, para cima e para baixo. O chefe do famoso hospital Charité, em Berlim, professor Detlev Ganten, jura que subir escadas é "a maneira mais confiável de prevenir doenças cardíacas" e impediu, com sucesso, que se instalasse um elevador no setor administrativo do Charité, a fim de que essa possibilidade simples de fazer um pouco de atividade física todos os dias fosse mantida.

Quem quer melhorar sua qualidade de vida consegue fazê-lo da maneira mais elegante e eficiente ao tentar integrar mais exercícios em sua rotina. Falta de exercício também é um tipo de pobreza, que ainda por cima leva à estupidez e à melancolia. Felizmente é possível sair desse tipo de pobreza sem ter de gastar um centavo. O truque está numa modificação cognitiva: a cada passo extra, a cada superação ao usar a escada em vez do elevador, ao ir de bicicleta ou a pé em vez de pegar o ônibus, o táxi ou até o carro, melhoramos nossa qualidade de vida e ganhamos riqueza que o dinheiro não compra.

A qualidade de vida, que inclui a riqueza subjetiva, está diretamente relacionada à questão de nos exercitarmos o suficiente. Quem pratica esportes uma vez por semana já modifica sua circulação sangüínea e seu sistema imunológico de tal maneira que não apenas se sente melhor, como também se torna menos vulnerável a infecções, e previne várias doenças cardíacas e pulmonares. A sensação de vitalidade que sentimos ao nos exercitar não é comprável, não pode ser escolhida por catálogo nem encomendada com o cartão de crédito — por isso é impagável.

"Deveríamos usar o carro raramente, dirigi-lo com consciência, e só em estradas livres no litoral ou nas montanhas."

NIKLAS MAAK

O pesadelo chamado carro

Por que vale a pena não ter carro

Nunca tive carro, e isso facilitou muito minha vida. Não porque detesto os carros. Entendo que um carro possa significar liberdade. Sair do estado de Hessen subitamente e, de acordo com o gosto, chegar mais tarde à Transilvânia, à Provença ou à Dinamarca tem seu charme. Com meus amigos motoristas pude testemunhar, porém, que o carro geralmente é apenas um chute na canela. O valor que eles gastam com gasolina, seguro, consertos, estacionamento, multas e tantas coisas mais é muito superior ao que eu pago em passagens de trem e eventuais táxis. Sem falar que economizo, além disso, o tempo que os motoristas perdem xingando e procurando lugares para estacionar.

Talvez as coisas fossem diferentes se eu tivesse crescido em Fürstfeldenbruck ou ainda mais no interior, onde há apenas dois ônibus por dia para a estação do trem urbano.

Mas passei a primeira parte de minha juventude em Munique e a segunda nas imediações de Londres, e em ambos os lugares o carro é totalmente supérfluo. Munique é cortada por uma rede muito densa de transportes coletivos, e, se viajamos para o interior, conhecemos o mundo muito melhor num vagão de trem ou nas estações do que isolados num casco de metal.

Quando me mudei para Londres, esse assunto se encerrou naturalmente. Para os motoristas, Londres é simplesmente o inferno. As ruas são entupidas mesmo nos menores bairros da periferia; não existe mais um período de pico; as coisas ficam mais calmas apenas à noite por algum tempo, mas sempre há trânsito lento. A M25, o anel viário que contorna a cidade, já está com oito faixas de rolamento; mesmo assim todo o anel é uma única, imensa e circular confusão, que se move centímetro a centímetro por Londres. Algumas partes da cidade só podem ser alcançadas mediante o pagamento de taxas; mesmo assim não se anda por lá, e o ar fede a gasolina em todos os lugares, seja às margens do Tâmisa, seja no meio do Hyde Park. A palavra "estacionamento" está riscada do vocabulário do londrino. Usar um carro em Londres é simplesmente loucura. Mesmo assim, as pessoas continuam entrando em seus carros por lá. Um carro é como qualquer outro acessório. E quem não se acostumou com ele não sente falta.

Além disso, diante de um volante, as pessoas mais amáveis e equilibradas tornam-se papagaios praguejadores. No estudo "Agressão no trânsito", da Secretaria Federal Alemã de Vias Públicas, esse fenômeno é descrito com sobriedade: "No trânsito, as pessoas dificilmente falam sobre assuntos positivos e sentimentos bons; normalmente são muito agressivas".

Dirigir sem respeito ao outro na Alemanha é diferente de nos outros países de língua alemã. Aproximar-se excessivamente de um carro que transporta uma família com filhos, a 150 quilômetros por hora e fazendo sinal de luz, é um fenômeno puramente alemão. Anualmente, 10% a 15% dos acidentes com "danos pessoais", ou seja, mortos e feridos, acontecem por causa de "falta da distância de segurança mínima" entre um carro e outro.

Quanto mais tempo fico sem dispor de um automóvel, mais me conscientizo de que andar de carro é uma monstruosidade por motivos não apenas práticos, mas também teóricos e até estéticos. Minha opinião foi possivelmente influenciada por uma exposição chamada "O pesadelo chamado carro — uma invenção centenária e suas conseqüências", que foi exibida no inverno de 1986 no museu municipal de Munique. Com base em centenas de registros fotográficos, foi mostrado como o carro contribuiu singularmente para enfear nossas paisagens urbanas e rurais. Às vezes, quando cruzamos uma bela região de uma cidade, numa estrada de quatro pistas, dificilmente pensamos em como poderia ter sido deslumbrante aquela paisagem antes de ser tomada pelo caos urbano causado pela invasão dos automóveis.

A motorização em massa é responsável pela expansão de uma paisagem de subúrbios homogênea. A divisão entre cidade e campo, da maneira como existia até o começo da era do carro, em meados do século XX, começou a se dissolver, as cidades se expandiram, e cidadezinhas muito variadas transformaram-se em subúrbios sem identidade com alças de acesso e retornos. A produção de Fuscas chegou ao seu primeiro milhão em 1955. Desde então a quantidade de carros de passeio cresce ininterruptamente. Em 1958 havia 3,1 milhões de carros nas ruas alemãs. Apenas cinco anos depois esse número já tinha dobrado, ou seja, passara para 7,3 milhões. Em 1978 foi ultrapassada a marca dos 20 milhões e em 1986 todos os habitantes da antiga Alemanha Ocidental podiam sentar-se confortavelmente no banco do motorista dos mais de 30 milhões de carros licenciados. Finalmente, em 2004, o número de registros chegou a cerca de 54 milhões na Alemanha. Paralelamente a isso aumentou a construção de ruas e rodovias. Em 1977, o Ministério dos Transportes da Alemanha encomendou um "programa de investimentos coordenado para as estradas federais do país até o ano de 1985", com o objetivo explícito, apoiado pelos três maiores partidos políticos, de que "nenhum cidadão alemão morasse a mais de mais de 25 quilômetros de distância do acesso mais próximo a uma estrada". O acesso à estrada tornou-se um direito básico do alemão.

Graças a essa política objetivamente pró-automóvel, na Alemanha existem quase 5 milhões de carros de passeio a mais do que o número de domicílios. A maior obrigação financeira de muitos lares é o pagamento mensal do financiamento, concedido tão simpaticamente pelas concessionárias, ou das taxas de *leasing*. E, para que a situação não se modifique, é preciso adquirir regularmente o modelo mais novo: para quem vive no interior, onde cada caminho é asfaltado e a subida mais exigente é a entrada para a vaga na garagem dupla, o melhor é um jipe com tração nas quatro rodas; na cidade, um carro de luxo, de preferência grande, tira a monotonia da vida, pois ao procurar uma vaga para estacionar à noite aprendemos a conhecer as ruas e as regiões da cidade onde moramos, nas quais nunca entraríamos; para o solteiro, o ideal é um carro esportivo de dois lugares, com o qual é possível passear com os amigos no fim de semana, desde que eles também possuam um carro.

O fato de o carro servir também para transportar coisas pesadas, volumosas ou levar pessoas aos lugares é um efeito secundário do qual seu proprietário às vezes se conscientiza. Mas os carros não são mais apenas nossos brinquedinhos prediletos; eles assumiram o *status* de privilegiados membros da família.

Na época da exposição "O pesadelo chamado carro" também caiu em minhas mãos o livro de Roal Dahl que conta a história do tio Oswald*. Tio Oswald, bem de vida, cheio de estilo e maroto, me influenciou mais do que alguns dos meus tios de verdade. Ele viajava ao redor do mundo numa missão arriscada, levando consigo um tipo de besouro, afrodisíaco — e isso num belo Aston Martin Lagonda. A partir daí perdi qualquer interesse que ainda me restava em tirar uma carteira de motorista; eu era muito realista: nunca poderia ter um Aston Martin Lagonda, mas esse era o único carro realmente bonito.

Durante anos carreguei meu desconforto em relação aos carros e, no final, estava até achando que os detestava. A questão foi resolvida apenas depois de uma conversa terapêutica com Niklas Maar, crítico de arte e filósofo de carros: o fato de ser contra a motorização em massa está longe de fazer da pessoa inimiga dos carros; pelo contrário, ela deveria ser considerada uma verdadeira amiga dos automóveis. É que os carros deveriam proporcionar prazeres muito especiais que fossem além da simples locomoção.

* *My uncle* é uma novela adulta, publicada pela primeira vez em 1979. (N.T.)

"Assim como não entornamos todos os dias uma garrafa de Petrus ou Cheval Blanc, deveríamos usar o carro raramente, dirigi-lo com consciência, e só em estradas livres no litoral ou nas montanhas", explicou-me Niklas Maar.

Um carro pode ser um objeto de luxo totalmente inútil, apenas para dar prazer, que amamos sensualmente, ou puro objeto de consumo, com o qual lidamos sem sentimentalismos. Qualquer coisa entre esses dois extremos é absolutamente estúpida. Para sermos exatos, o tempo dos carros de luxo já passou; um produto de massa não é um objeto de luxo em sentido estrito. As primeiras estrelas do cinema e do entretenimento dos anos 1920 andavam por Berlim com motoristas em carros com acabamentos personalizados. A atriz Anna Heldt podia dar um jantar para três pessoas em seu Renault reformado, o grande astro de cabaré da época, Gaby Desly, instalou um banheiro em seu carro e Phyllis Dare, uma das grandes atrizes inglesas do cinema mudo, cobriu a parte traseira do carro, de onde um empregado saltava quando o veículo parava. Hoje, quando falamos de carros de luxo, referimo-nos a modelos que representaram o ponto alto de determinada época do *design* e tornaram-se raridades.

Dessa maneira, alguém com pouco dinheiro e um gosto refinado por carros tem pouca escolha. A maioria dos carros que são adequados como objetos de prazer são muito caros. Um conhecido meu, apaixonado por limusines de luxo, mas que na realidade só poderia comprar um carro popular, brincou com a idéia de comprar um desses carros usados pela *nomenklatura* russa, mas achou-os feios. Certo dia, depois de muita procura, encontrou um belo Ambassador que tinha sido jogado fora, um carro que o embaixador da Índia em Bonn deixara para trás. Meu conhecido anda agora com a limusine de uma marca que Indira Gandhi também usava como veículo oficial, supera qualquer motorista de uma Mercedes ordinária no quesito exclusividade — e tudo isso pelo preço de um Twingo da Renault. Mas isso é uma exceção. Não é tão fácil assim achar um embaixador na seção de automóveis de um jornal. E carros esportivos de bom gosto, que estão na margem de acessibilidade de um empobrecido, são raros.

O empobrecido — que por algum motivo repugnante não pode prescindir de um carro — encontra uma escolha evidentemente maior na categoria "carros usados", porque é quase impossível errar no estilo quando se encara o carro com um desprezo saudável. Mesmo o mais horrível pode ser charmoso se o subestimamos o suficiente. Podemos aprender muito nesse sentido com os italianos: os carros mais bonitos do mundo são projetados na Itália, mas quem realmente preza sua imagem usa um carro pequeno, que realmente só terá seu apelo esnobe se estiver meio feioso e com alguns amassados.

O prêmio para o desprezo mais casual e, ao mesmo tempo, mais persuasivo que se pode manifestar em relação ao próprio carro merece ir para uma amiga minha, Charlotte. Ela é um das mulheres mais seguras em matéria de estilo que já conheci. Mesmo assim, ou exatamente por isso, ela nunca dirige carros caros e os trata de maneira totalmente desmazelada. Quando andei no carro dela, certa vez, o lixo estava quase alcançando meus joelhos. Com base nos detritos por todo lado, era possível reconstruir facilmente os hábitos das pessoas que tinham usado o carro. Três anos depois, voltei a sentar no assento do passageiro a seu lado e me lembrei de que, na outra vez em que andei no carro dela, tinha perdido um isqueiro. Naquele dia o reencontrei.

Só há dois modelos com os quais é possível comprovar nossa resistência a carros, mas, para facilitar a locomoção, a necessidade de um: o Renault 4 e o Citroën 2 CV ("dê chevô"), também chamado de "patinho". Ambos eram o máximo dos anticarros. Quando o R 4 chegou ao mercado, os jornalistas especializados troçaram dele como "o mais alto degrau evolutivo do guarda-chuva", mas na realidade o R 4 provou que, em se economizando todas as frescuras, no retorno à simples funcionalidade, é possível fazer um carro de razoável bom gosto. Além disso, ao contrário do "patinho", o R 4 não deve ser entendido como uma apologia aos incensos e contra a energia nuclear. O R 4 abria mão de qualquer declaração política e, em sua simplicidade, era em primeira linha um meio de locomoção quase insuperável, uma piada sutil movida a gasolina.

O "patinho" e o R 4 não existem mais. Desde então, carros tão acessíveis assim nunca mais foram montados. As indústrias automobilísticas da Europa disputam, porém, quem conseguirá primeiro desenvolver um carro que custe menos de 5 mil euros; ele deve conquistar o mercado chinês — e o local também, pois aqui o futuro é dos carros baratos, que consomem um mínimo de gasolina, dizem os executivos dessas indústrias. Mas é muito mais provável que, num futuro próximo, andar de carro não se torne cada vez mais acessível, senão cada vez mais caro. Tão caro que, daqui a pouco, todos os que aprenderem a abdicar de um carro poderão se considerar felizardos. No final da sociedade do bem-estar, para a qual o carro tanto contribuiu, ele de novo se tornará felizmente o que era nos seus anos iniciais: um luxo disparatado.

"É um pouco démodé, *não?"*

KARL LAGERFELD

(sobre viajar)

Férias emburrecem

Argumentos contra as viagens de férias

Estudos científicos comprovaram que, ao retornar das férias, quase todo mundo está mais burro do que quando foi. O quociente intelectual (QI) de quem tira três semanas de férias sem se manter alerta espiritualmente está, no momento da volta, 3% menor do que antes da partida. E quão lastimável deve estar a situação do que sobrou do *jet set*, com supostas dez viagens de férias emburrecedoramente relevantes. Isso significaria que, depois da temporada — primavera em Capri, verão em Porto Cervo, outono em Marbella, inverno em Engadin —, até 30% do QI da pessoa teria sido perdido.

A atração desavergonhada que exercem as viagens para países distantes, a doce vida na praia, os cruzeiros de navio, os hotéis de luxo, os drinques exóticos à beira da piscina e clichês afins são principalmente o resultado da disseminação da idéia, derivada da indústria da consciência, de que as viagens são, por si só, atraentes ou glamorosas.

Desde quando surgiu a palavra "turismo" — apareceu em 1810 pela primeira vez num dicionário —, o turismo sofre com zombarias. Nem trinta anos depois, Fontaine já se queixava: "Uma das características do nosso tempo são as viagens em massa. Antes, eram os indivíduos privilegiados que viajavam, agora viajam todos". E exatamente a falação sobre os "bons velhos tempos" é uma asneira total. Antigamente, correr apressadamente para lá e para cá era coisa de mensageiros, peregrinos, ladrões, salteadores e caixeiros-viajantes. Não era um prazer, mas sim um perigo. Antes de iniciar uma longa viagem, a pessoa pedia que rezassem uma missa e quem se despedia considerava a hipótese de não mais voltar. Até o começo da modernidade, por volta de meados do século XIX, fazer uma viagem sem motivos prementes, ou seja, apenas por viajar, era um absurdo.

Esse disparate de viajar por vontade própria foi uma invenção dos terceiros ou quintos filhos desocupados de famílias inglesas ricas. A burguesia acompanhava o modo como os aventureiros da classe alta escalavam paisagens alpinas com calças utilitárias e, consultando guias, saíam pisando sobre ruínas quaisquer — e passou a imitá-los. Aquilo que hoje chamamos de turismo é um desenvolvimento lógico das viagens ao redor do mundo dos esnobes ingleses; no passado parecia mundano, mas, na verdade, sempre foi grotesco. Dessa maneira, a tentativa de imitar a experiência do *gentleman* de então é totalmente despropositada.

No Quênia, por exemplo, encontramos no meio da mata a "Finch Hutton Lodge", belamente localizada junto a um lago habitado por rinocerontes, que vem a ser a remontagem de uma cabana de caçadores que Deny Finch Hutton, o superesnobe inglês, supostamente havia construído. Tapetes persas, *bordeaux* na garrafa de cristal, mesa de mogno, tudo na tenda. Ao contrário do filme de Sydney Pollack, *Entre dois amores* [1985], no qual Finch Hutton, representado por Robert Redford, é um sedutor espirituoso, na realidade o pobre coitado era um excêntrico bastante afetado, que deve ter se comportado no Quênia como se imagina que Rudolph Moshammer* faria numas férias pela África. O tipo "*gentleman* excêntrico" que existia às centenas durante o fim do século do colonialismo inglês nos países longínquos era um indício confiável de que o império britânico tinha deixado para trás seus melhores anos.

Atualmente, o passatempo extravagante de esnobes ingleses mimados e entediados tornou-se uma indústria de massa, com 10 bilhões de turistas anualmente em todo o mundo. Eles passam suas férias na praia em pardieiros e "relaxam o espírito", que pode acabar meio frouxo, ou partem desesperadamente para conhecer cidades, correndo de atração para atração, subindo em todas as torres, visitando todas as prefeituras, até desmaiar de cansaço — entre todas as coisas com as quais o cidadão europeu de classe média gasta muito dinheiro, as viagens de férias são as que lhe trazem mais desconforto.

Também é totalmente irracional economizar durante um ano inteiro para então, nas férias, lidar de maneira irresponsável com o dinheiro ("Afinal, estamos em férias!") e se irritar pelo fato de que o tão sonhado descanso não aumenta

* Rudolph Moshammer (1940-2005) foi proprietário de uma butique em Munique e se autodenominava "czar da moda". Tornou-se conhecido no país nos anos 1980 por suas excêntricas aparições em público, sempre acompanhado pela cachorrinha *yorkshire* Daisy. (N. T.)

na medida em que a carteira esvazia. A síndrome do dinheiro de brinquedo, que atacava sistematicamente os alemães em viagens à Áustria, à Itália, à Grécia ou à Espanha, foi um pouco controlada, graças a Deus, com a introdução do euro, mas uma das principais atrações de qualquer viagem de férias continua sendo cair em armadilhas para turistas, engoli-las com a mesma indiferença dispensada a bebidas açucaradas demais, cheias de rum e vinhos lamentáveis, nos quais nunca tocaríamos em casa. Ficamos felizes por esse "luxo" quando nos hospedamos num hotel.

O enaltecimento do hotel como oásis da mundanidade também é uma invenção da indústria do entretenimento. Durante o maior tempo da história da hotelaria, os hotéis de cidade foram abrigos de emergência para pessoas que não conheciam ninguém no lugar. E é exatamente isso que voltaram a ser. Os hotéis de luxo foram mundanos, se é que foram, apenas na curta fase entre sua fundação, por volta de 1910, e o início da Primeira Guerra Mundial, ou seja, quatro anos. Naquela época, eles eram considerados — assim como os navios de cruzeiro — novidades sensacionais e foram aprovados também pela alta e altíssima sociedade. Depois da Primeira Guerra Mundial, a cultura hoteleira floresceu mais uma vez entre meados dos anos 1920 e a crise econômica de 1929. Depois, a era dos grandes hotéis de luxo tinha passado definitivamente. Nas cadeias de hotéis de atuação global, o conforto foi totalmente homogeneizado. Um quarto de hotel caro em Wolfsburg é igualzinho a um em Kuala Lumpur ou em Vancouver, mas — embora esteja na categoria "Superior-Deluxe", segundo o prospecto — é tão pequeno como o quarto duplo da pensão que só serve café-da-manhã na cidadezinha de Gummersbach. Uma minitelevisão está ligada sobre o frigobar, recheado com suco de maçã, de laranja, cerveja Beck, água e salgadinhos. Não dá para abrir as janelas, mas há um ar-condicionado barulhento. E, exceto se a pessoa estiver num país árabe, sobre a televisão fica um cartão indicando o canal pornográfico do lugar.

Apenas os hotéis de lazer são piores que os hotéis de cidade. O inferno também pode ser assim: uma praça artificial no "estilo vila italiana", ao redor da qual estão dispostos, como se por acaso, lojas sempre abertas e sete restaurantes. As crianças são mantidas longe dos pais por meio de *kids clubs* e passeios. As instalações são concebidas de tal modo que o hóspede — exceto para as excursões previstas — não veja graça nenhuma em sair do terreno cercado; afinal, os gerentes de hotel têm a ambição de criar uma versão idealizada da realidade no interior do *resort*.

Mas a maneira mais segura de se proteger das chateações do mundo real é num cruzeiro. Os cruzeiros são, por assim dizer, a forma mais pura das férias em hotéis de lazer. Certa vez participei de uma grande viagem no maior navio de cruzeiros — não para me divertir, mas por motivos estritamente jornalísticos —, o "Coral Princess". Sua tonelagem bruta de registro é de 120 mil toneladas. Tonelagem bruta de registro é a principal unidade de medida de um navio, e é com base nela que se calcula a quantidade de sobremesas que podem ser levadas a bordo.

Os cruzeiros são ideais para pessoas que amam as coisas marítimas, pois é possível participar de atividades típicas de bordo de manhã até a noite, que são: café-da-manhã, almoço, café com bolo, jantar e ceia. Os cerca de vinte minutos entre as refeições são facilmente agüentados com lanchinhos; para isso, um bufê fica à disposição 24 horas por dia no *Bord Bistro*, e oferece aproximadamente dois terços do estoque de calorias do mundo. O que realmente assusta é que não pulamos nenhum dos menus, afinal todos estão incluídos no preço.

Quando finalmente a balança acusa que alcançamos o peso de um carro compacto, chegamos a um porto, mas não ficamos lá mais de três, quatro horas, porque as taxas de ancoragem são muito altas e cada minuto extra colocaria em perigo a margem de lucro calculada da empresa de fretamento. Somos encurralados nos ônibus já a postos para rapidamente observar as oficinas "típicas" dos nativos, onde podemos comprar objetos entalhados, que são espantosamente iguais na Jamaica ou em Taormina, e é provável que venham todos de Hong Kong ou Taiwan. Na maioria dos navios grandes há campos de minigolfe, piscinas e salas de ginástica, que não são usados, pois a *Bord Shop* está sempre aberta. Aqui é possível comprar sem impostos, o que significa pagar um pouco mais do que no *shopping*, há produtos de que não necessitamos, mas, em compensação, ganhamos uma sacolinha plástica impressa com as palavras "*Duty Free*". Se os passageiros de navios como esses não estão no *Bord Shop* ou no *Bord Bistro*, estão deitados no solário, tentando ficar com a pele bronzeada o mais rápido possível.

Para quem dá menos valor ainda ao descanso, o conselho é uma viagem de avião. Começa com a pessoa tendo de acordar lá pelas 4 da manhã para chegar a tempo ao aeroporto, pois a instrução mais importante do tráfego aéreo europeu diz que os passageiros precisam ficar ao menos uma hora esperando na fila do balcão de *check-in* e, em seguida, ficar mais duas horas zanzando pelo aeroporto, a fim de não perder a oferta das lojas. Quando finalmente ela consegue entrar no avião, lugar 84G, percebe que o maior desejo dos comissários de bordo é observar e cuidar para que nenhum passageiro mude a inclinação de sua poltrona.

A regra de que as poltronas devem estar na posição vertical na decolagem e no pouso é mantida por pura aporrinhação, pois, com os 3 milímetros de espaço que existem para movê-las, tanto faz para a segurança se a pessoa entra numa turbulência na vertical ou com o encosto da poltrona ligeiramente inclinado. As aeromoças provavelmente prefeririam abrir mão de parte de seu salário a perder a oportunidade de encher os passageiros com isso.

Agora já é possível reservar os vôos confortavelmente em casa, usando a internet, e isso fez surgir um novo tipo de passageiro freqüente. Muitos viajantes bêbados de fim de semana de Manchester ou Stansted, em Londres, despencam diariamente em Pisa, Praga ou Barcelona. Para os pinguços britânicos, vale mais a pena viajar no fim de semana para Praga e encher a cara por lá do que fazer o mesmo no bar de casa. Em seguida eles cambaleiam pela praça Venceslau ou esticam a cabeça por sobre a ponte Charles, porque não toleram cerveja tcheca. Nos países mediterrâneos, todos os anos são registrados casos de morte entre turistas ingleses por causa de excessos de álcool no calor. E, naturalmente, as pancadarias de sempre. Apenas na costa mediterrânea da Espanha são presos anualmente seiscentos britânicos arruaceiros alcoolizados. E, no verão de 2003, na região dos bares da bela ilha de Corfu, uma turista inglesa, incentivada por centenas de bêbados gritando, fez sexo oral num outro inglês no meio da rua. A Grécia toda se indignou.

Durante um tempo, nos anos 1970 ou 1980, acumular milhas de vôo estava relacionado a prestígio social. Gosto de me lembrar de um falecido amigo da família, Bobsi, que às vezes tirava uma pilha de bilhetes de vôo do bolso da camisa, gemendo e reclamando pelo fato ter de ir, no dia seguinte, a La Paz, passando pelo México, e, três dias mais tarde, para Bogotá, e só poder voltar em duas semanas, quando então teria de seguir imediatamente para Paris. Quem faz algo semelhante hoje é ridicularizado. Os passageiros freqüentes despertam talvez, na melhor das hipóteses, compaixão, mas geralmente são vistos como um aborrecimento. Eles pagam as próprias passagens somente em casos raríssimos porque acumularam, à custa de seu trabalho, tantas milhas que podem usar seu saldo para viagens privadas pelo resto da vida; abrem caminho até o guichê fazendo pose de importantes e gritam ao celular coisas como: "Informe todo mundo de que não vou chegar a tempo à reunião!".

Como é preciso evitar tanto o tipo de passageiro da viagem barata como o passageiro freqüente, é compreensível que nos três mais importantes mercados turísticos do mundo — Estados Unidos, Alemanha e Japão — não voar tenha se tornado símbolo de *status*. Hoje, quem tem alguma noção das coisas não quer saber de viajar. Quem sai contando as escalas em "Él Ei" ou "Niu Iórc" ou as delícias das "praias paradisíacas de Bali" torna-se motivo de zombaria. Aos poucos vai caindo a ficha de que não dá para reservar a felicidade numa agência de viagens. Por isso, aqueles que têm pouco dinheiro logo imitarão os ricos e também olharão os viajantes com desdém.

A única maneira de viajar ainda suportável são as estadas prolongadas. O grande filósofo Nicolás Gómez Dávila disse: "Apenas o homem inteligente e o simples sabem se manter fixos. A mediocridade é inquieta e adora viajar". Mas quem passa num país estrangeiro várias semanas ou até meses — para acumular experiência, trabalhar, estudar ou apenas para visitar amigos — não viaja no sentido moderno, incansável. No passado, esse tipo de viagem realmente era mundano, feito até por reis e rainhas, quando mudavam de residência, indo de palácio a palácio. E os príncipes eram enviados a outras cortes para conhecer o mundo por lá e assim alcançar aquela experiência internacional que chamamos de "mundana".

A versão moderna desse *tour* de cavalheiros, que não é comum no Brasil, é o ano livre que os alunos que terminaram o ensino médio desfrutam como intervalo até a faculdade ou o ano sabático, a interrupção provisória das atividades dos estudantes do terceiro grau e dos profissionais. Eles se mudam durante um semestre para um lugar qualquer na África ou na Ásia, e isso lhes proporciona mais chance de aprender sobre a cultura a seu redor do que as férias corriqueiras. Aproximamo-nos de uma cultura apenas quando nos tornamos até certo grau parte dela, em vez de apenas visitá-la.

Até os anos 1960 e 1970, em todas as cidades européias, centenas de senhoras alugavam os quartos de suas casas grandes demais ou mantinham pequenas pensões. De acordo com a literatura, esses lugares muitas vezes eram sinistros e molambentos, mas ofereciam alojamento barato a existências falidas e, claro, a artistas e estudantes. Hoje, na maioria dessas cidades, é possível alugar pequenos apartamentos por algumas semanas ou até meses, pagando apenas uma fração do valor de uma pensão acessível. Além disso, como precisamos nos virar sozinhos — visto que falta a velha senhora para servir o café-da-manhã

—, temos a vantagem de vivenciar os hábitos da cidade estrangeira, até porque somos obrigados a procurar as mercearias e os mercados com os olhos não de um turista, mas de um morador local.

Essas viagens, sem sombra de dúvida, enriquecem a vida, embora naturalmente não se repitam quatro ou cinco vezes por ano. Muito mais importante do que uma mudança de local é andar pelo mundo de olhos abertos, em vez de passar estabanadamente por ele como turista. Por isso, é impossível dizer que é melhor ficar em casa do que "tirar férias". Nas férias, se ficamos na cidade onde moramos, por exemplo, economizamos a visita aos pontos turísticos locais. Um pisano nunca foi à torre inclinada nem um parisiense visitou a torre Eiffel. Como turistas, porém, nos forçamos a isso, talvez para lutar contra a certeza bem lá do fundo de que as viagens de férias não têm sentido.

Para sermos felizes, não podemos permitir que a indústria do entretenimento determine quais são nossos sonhos; temos de planejar nossos desejos realizáveis. Talvez não seja necessário ir tão longe quanto Jean Floressas Des Esseintes, o herói de Huysman em *À rebours*, mas dá para aprender um pouquinho com ele. Des Esseintes, o filho hipersensível de um velho casal de nobres franceses que vivia retraído, recusou-se totalmente a viajar porque tudo de que necessitava estava em sua casa nos arredores de Paris. Certo dia, depois de ler Dickens, começou a sonhar com uma viagem. Ele queria ir à Inglaterra. Dessa forma, pediu ao criado que arrumasse suas malas e explicou ao homem surpreso que voltaria apenas depois de um ano, ou alguns meses, ou até depois de algumas semanas, não sabia com certeza.

Des Esseintes entrou num trem para Paris e, lá chegando, foi até a rua de Rivoli para comprar um guia sobre Londres. A chuva torrencial despertou-lhe inquietações com a viagem que tinha pela frente. Antes de continuar seu caminho, Des Esseintes entrou rapidamente num bar e tomou dois copos de vinho do Porto inglês. Em seguida foi a um restaurante inglês, onde comeu e bebeu uma cerveja típica em meio a ingleses. Depois de tanto comer, dos muitos cheiros, dos barulhos, do vinho do Porto e da cerveja, Des Esseintes passou mal e perdeu o trem para Dieppe, onde embarcaria num navio. Mais do que feliz por ter economizado a viagem e, mesmo assim, ter vivido tanta coisa, ele tomou o trem de volta para casa, sem nenhum remorso. Em sua fantasia, ele já estava na Inglaterra havia tempo — a chuva, a neblina, a confusão da cidade: "Para que perder experiências inesquecíveis com uma desajeitada mudança de local?". Poucas horas depois de sua partida, ele estava diante do surpreso criado com as malas, pacotes, bolsas e bengalas e com a exaustão de uma pessoa que finalmente retornava ao lar depois de uma longa e perigosa viagem.

Parece que os italianos estão agindo cada vez mais como Des Esseintes, só que se envergonham da coisa errada. Existe um fenômeno na Itália que não é conhecido em mais nenhuma parte da Europa: o dos simuladores de férias. A secretária eletrônica é ligada, as plantas da sala são entregues ao vizinho, a geladeira é entupida com comida, os filhos são anestesiados com vídeos e, em seguida, eles não saem de casa por duas semanas. Supõe-se que cerca de 3 milhões de italianos simulem suas férias todos os anos apenas porque se envergonham de não ter dinheiro suficiente para viajar. Será que alguém pode fazer o favor de explicar-lhes que farão parte da vanguarda se não viajarem nas férias?

"Admiro muito o duque de Devonshire: seus punhos e suas golas são tão gastos que parece que primeiro ele dá as roupas para o jardineiro usá-las por um ano. Aí vocês percebem o que significa estilo."

LADY RENDLESHAM

(numa entrevista para o *Times* em 1973)

As roupas velhas do imperador

O novo pobre chique

Este será um capítulo curto, pois gastar muitas palavras com roupas é quase tão ruim como estar malvestido. No momento em que passamos a pensar demais sobre a própria roupa, nós — pelo menos os homens — já estamos por fora. Isso acontece porque perdemos qualquer charme quando se torna evidente que ficamos correndo demais para lá e para cá entre o armário e o espelho. As roupas não fazem as pessoas. Poderemos estar com o terno muito bem cortado e a camisa combinando, uma gravata de seda e os sapatos mais caros, mas, se não nos sentirmos à vontade, ficaremos parecendo o dalai-lama de bermudas. A elegância é, antes de tudo, a questão sobre como usar algo, e não sobre o que usar. Por isso não existem regras rígidas, aplicáveis a todos.

A regra mais importante é: use sua roupa e não permita que sua roupa o use. Apenas quem, numa medida saudável, não dá tanta importância para a roupa pode parecer elegante. Existem as pessoas que querem passar informações impertinentes com a vestimenta: "Veja, sou jovem!"; "Veja, eu só uso roupas caras!"; "Veja, não me importo a mínima com minha roupa!". A roupa, entretanto, não deve chamar a atenção sobre si.

Vestir-se de maneira conscientemente descuidada também não quer dizer nada sobre ter segurança no quesito estilo. Tudo que parece forçado — descuido forçado ou arrumação forçada — é obstáculo à elegância, que sempre precisa irradiar naturalidade. Quem passa a impressão de ter acabado de sair do alfaiate não deixa dúvidas: exibe a dificuldade em adquirir roupas novas. No mínimo tão sem estilo também é o pseudodândi, que dá importância a uma aparência elegante-esfarrapada; percebemos que ele sempre espera que honremos seus esforços. Conheço um galerista em Berlim que tenta, da maneira mais forçada possível, parecer um empobrecido nobre inglês da província. As mangas de seus casacos sempre têm remendos de couro, embora seja evidente que as roupas são novas demais para estar rasgadas. Um Land Rover combinaria bem com ele, e às vezes ele poderia respingar um pouco de lama no carro para fazer de conta que estava voltando de sua casa de campo.

Além disso, acho que, a partir de certa idade, o guarda-roupa do homem já está formado, e a compra de peças novas só é necessária para substituir aquilo que não dá mais para usar de jeito nenhum sem chamar muita atenção socialmente.

As coisas são um pouco diferentes no caso das mulheres. Werner Sombart vai muito além; afirma que as mulheres são as principais responsáveis pela mania de desperdício capitalista. Sem a loucura das mulheres por doces nos séculos XV e XVI, diz Sombart, o comércio mundial de açúcar, cacau, café e chá nunca teria chegado a sua conhecida dimensão. A compra e venda desses produtos de luxo e sua produção nas colônias desempenharam o papel central no desenvolvimento do capitalismo. De acordo com Sombart, o espírito da modernidade nasceu do espírito do desperdício, o qual é parte do elemento "feminino" na história mundial.

Quando contemplo a sapateira de minha mulher, a visão de Sombart me parece plausível. Pouco tempo atrás, Irina falou: "Tenho sapatos suficientes". A julgar pelos números do comércio varejista, ela parece estar seguindo uma tendência. A maioria de suas amigas também deixou para trás a fase do comprar um vestidinho e esquecê-lo no armário, porque ficou caro demais comprar roupas como terapia ocupacional. O interessante é que nenhuma delas está menos bem-vestida agora do que na época em que gastava muito dinheiro com as caras etiquetas da moda.

Para as mulheres que sentem prazer em comprar roupas, há diversas estratégias para, mesmo com o dinheiro curto, manter-se vestidas de modo que sua economia não seja afetada. Madame Errazuriz, por exemplo, a pessoa de maior influência sobre o estilista Christian Dior e tida como a ditadora de estilo em Paris, era pobre. Ela era supostamente de Constantinopla; de qualquer maneira, chegou a Paris como refugiada e morava num apartamento minúsculo, muito elegante, na avenida Victor Hugo. Ela se recusava a aceitar algo de Dior, vivia de contribuições esporádicas para revistas de moda e, uma vez ao ano, podia escolher um vestido de alta-costura no ateliê de Dior, que ela usava, por um ano, em todos os eventos sociais aos quais tinha de comparecer. A regra de economia de Madame Errazuriz era: quem não tem muito dinheiro precisa dar um valor especial à qualidade, pois necessita de roupas que não enjoem e que não fiquem gastas rapidamente. Mas talvez ela pudesse fazer tal afirmação apenas porque era amiga de Dior.

O esporte de minha irmã Maya é fazer compras na Zara, H&M ou Top Shop, mas passar a impressão de usar somente Joseph ou Gucci. O truque, ela diz, é o seguinte: tudo tem de ser barato, exceto uma peça, que se encontra nas liquidações ou nos brechós. Uma das roupas mais bonitas de minha mulher, um casaco de seda japonês, com o qual ela sempre fica arrumadíssima, independentemente de se vamos a um casamento ou a um coquetel, foi comprada por 30 euros num brechó em Munique. Além desse tipo de loja, surgiu uma nova fonte de roupas para mulheres de orçamento minguado, mas que mantêm seu bom gosto intocado: as trocas. Notei uma inteligente rede de vai-e-vem de roupas entre as amigas de minha mulher: para evitar aparecer sempre com os mesmos vestidos nas festas, elas os trocam entre si. O mais quente são os bazares: jovens senhoras, cansadas de seu armário abarrotado e necessitadas de um pouco de dinheiro vivo, convidam as amigas e organizam uma venda privada.

Nos anos de crise econômica, mesmo as mulheres mais seguras de seu estilo foram infectadas pela loucura das marcas. Mas a recessão ajudou o estilo simples a voltar à tona. Hoje, quem precisa gastar muito dinheiro para se vestir bem é confrontado com um sorriso zombeteiro. Talvez a única coisa mais constrangedora do que isso seja escrever mais de cinco páginas de um livro sobre roupas.

"Art? Isso não é um nome de homem?"

ANDY WARHOL

Constipação cultural

Um discurso em defesa do saneamento midiático

Diz-se que houve um tempo em que as pessoas iam aos museus mesmo sem ser pressionadas pela mídia. A cena que se passou no verão de 2004 em frente à Nationalgalerie de Berlim foi grotesca: para entrar na exposição, as pessoas ficavam na fila durante várias horas, algumas até a noite. Por causa de uma reforma, o Museu de Arte Moderna (MoMA) de Nova York teve de tirar parte de seu acervo do depósito, e os museus oficiais de Berlim conseguiram convencer os nova-iorquinos a emprestar as obras durante esse período para a cidade. A apresentação do MoMA foi trabalhada de modo tão profissional que cerca de meio milhão de visitantes tinham visto as obras antes de elas retornarem. O tapete das salas de exposição teve de ser substituído, gasto que não pesou muito em relação aos 6,5 milhões de euros que afluíram ao caixa da Nationalgalerie (e principalmente ao da lojinha do museu). A mídia cobriu diariamente as filas na frente do museu, mas isso só fez incentivar ainda mais as pessoas a se posicionar por lá. Os organizadores da mostra estavam orgulhosos, claro, por terem provado que a arte moderna e "difícil" também pode ser saborosa ao grande público, basta usar a embalagem correta.

A arte transformou-se num produto, tratado e comercializado do mesmo modo que costelinhas de porco ou iogurte de frutas. Marc Spiegler, um dos mais importantes jornalistas especializados em arte da Suíça, diz que o mercado de arte é regido hoje pelas mesmas leis que regem a indústria de entretenimento popular: "No atual âmbito da arte, a personalidade e a aparência do artista têm um papel cada vez mais importante. Mesmo nos cadernos de cultura dos jornais o foco deslocou-se da crítica à arte em si para assuntos pessoais — lemos matérias sobre os apartamentos habitados pelos artistas, seus ateliês descolados, seus *designers* preferidos e sua vida amorosa (quanto mais escandalosa, melhor). Mas isso também significa que o trabalho de um artista que por acaso não tenha jeito para astro *pop* está automaticamente em desvantagem".

Como é possível escapar da terrível influência da mídia? Ainda podemos decidir sozinhos que quadros queremos ver, que músicas queremos escutar, que livros queremos ler, sobre que temas queremos refletir? A que eventos culturais vamos prestar atenção, porque realmente sentimos necessidade, e de quantos inúteis nos obrigamos a participar, apenas porque acreditamos que precisamos "dar nossa opinião"? Somos obrigados a ver todos os filmes de Michael Moore? Temos de ler Nietzsche compulsoriamente quando estamos num "ano Nietzsche"?

As artes plásticas se igualaram ao que a indústria musical se tornou há tempos. Existem 8.743 gravações de *As quatro estações*, de Vivaldi, e cada cidade maiorzinha apresenta *Carmina Burana* duas vezes por ano, com elenco de 2 mil artistas e 15 mil espectadores comendo salsicha. Se não conseguirmos resistir a essas pressões, o caixa doméstico sofrerá pesados ataques. A oferta cultural é tão grande e a luta por fatias de mercado é tão acirrada que todos os seus produtores — sejam agenciadores de concertos, estações de rádio ou televisão, empresas fonográficas, revistas, organizadores de "eventos", platéias ao ar livre, donos de restaurantes estilo "gastronomia & entretenimento", diretores de circo, intendentes de ópera, teatros alternativos, de câmara, de espaços múltiplos, do município, de cooperativas ou distribuidoras de filmes — são obrigados a correr atrás de receitas de sucesso idênticas para chamar a atenção.

A arte como forma de comércio também gera um leve mal-estar entre os artistas. Damien Hirst, por exemplo, que entrevistei há alguns anos, no auge da arte *pop* "chocante" britânica, acabou se irritando com a mercantilização da arte e virou-lhe as costas.

Quando o encontrei, acontecia a exposição *Sensation*, em Londres, cujo fervilhante ponto central era a instalação de Hirst, intitulada "A thousand years": uma vitrine de vidro imensa, de duas partes, unidas por uma pequena janela, dentro da qual havia milhares de moscas domésticas. Uma vasilha com açúcar ficava numa metade da vitrine; na outra metade a cabeça sangrenta de uma vaca, já em decomposição. As moscas, encantadas pela oferta, voavam de lá para cá, pousavam aqui, lambiam lá. A cena artística maravilhou-se pela tentativa estapafúrdia de Hirst de ser "chocante". Os visitantes da exposição olhavam atentamente a vitrine e escutavam o que áudio-guia sussurrava-lhes ao ouvido, os jornais duelavam com textos eruditos conjecturando se a obra de arte era uma expressão do comportamento do moderno cidadão consumista ou talvez até a variação de um dos temas mais antigos da arte, a morte.

Damien Hirst ficou muito deprimido com a situação. Apenas dois anos antes, quando uma de suas obras tinha sido emprestada para uma exposição, foi barrada pela alfândega dos Estados Unidos. A obra era composta da ossada de um touro grande, que, acionado por um motor hidráulico, se juntava à ossada de uma vaca. Agora, museus de todo o mundo queriam as cabeças putrefatas de porco de Hirst, bancos compravam seus animais em formol serrados, a fim de expô-los nos andares da diretoria, projetados por arquitetos de interiores vanguardistas, colecionadores disputavam suas instalações fotográficas de vítimas de trânsito. Quando o encontrei, Hirst não conseguia mais suportar sua frustração.

Ele me recebeu em seu ateliê. Na minha frente estava um careca fortão, que aparentava ter bebido todas, pois tinha os olhos avermelhados e o rosto inchado. Quando finalmente nos sentamos, pude fazer minha primeira pergunta. Balbuciei algo como: "O que você faz é arte ou antiarte?". Isso fez Hist levantar num pulo e dar a única resposta certa: "Vamos ao *pub* nos embebedar pela impossibilidade dessa pergunta!". Ainda era o começo da tarde, ou seja, madrugada, para a boemia de Nord, em Londres. Hirst pagou a primeira rodada de cerveja e, depois da terceira, ele me perguntou: "Qual foi seu recorde de bebida em uma noite?". "Eu estava na Marinha da Alemanha, então..." "Aha!", ele me interrompeu. "Você gosta de sexo anal?" "Não exatamente", disse e tentei recolocar a conversa nos trilhos, quando ele pegou um porquinho de madeira do bolso de sua jaqueta e o colocou debaixo do nariz do homem sentado na mesa ao lado, que comia tranqüilamente uma lingüiça com purê de batatas, confessando: "Esse porco significa muito para mim. Ontem à noite arranquei sua cabeça com uma mordida. Você quer o porco? Eu lhe dou de presente!". "Não, obrigado, muito gentil de sua parte", disse o senhor idoso, sem ter noção de que tinha acabado de rejeitar um autêntico Hirst.

Depois de algumas cervejas, Hirst começou a reclamar do mercado de arte. Ele se esforçava em sair dele, e só recebia aprovação. Não sabia mais o que fazer. "Talvez quadros de flores?", suspirou. Pouco depois de nosso encontro em Londres, ele abriu um restaurante em Nothing Hill. Decorou as paredes do estabelecimento com frascos de remédios, batizando-o de *Pharmacy*, ou seja, "Farmácia". Quando Hirst finalmente percebeu que o lugar tinha se tornado uma atração turística, fechou-o e inundou o mercado de arte vendendo todos os objetos da decoração como obras originais suas. Seu galerista, Jay Joplin, passou mal porque temia que os preços das vitrines de remédio de Hirst fossem despencar. Mas não aconteceu nada disso. Hirst embolsou 16 milhões de euros. Com esse dinheiro, recolheu-se em sua casa em Devonshire. Hoje, brinca de *videogame* com os filhos e não quer mais saber nada de arte.

O problema com o qual Hirst se debateu é tão antigo quanto a indústria cultural. Os primeiros que identificaram o monstro "comercialização" como a força que transforma a arte mais crítica em agradável decoração foram os dadaístas. O urinol de Marcel Duchamp era uma zombaria com o movimento dos museus; agora é a pérola de qualquer exposição de arte moderna. A última revolta contra encher o caixa por meio da indústria cultural foi um manifesto dos sobreviventes do movimento dadá redigido por Carl Laszlo em 1958. "Ao lado dos ignorantes, os eternos retardatários correm de vernissage a concerto e usam todos os meios para evitar a indigestão na apreciação cautelosa da 'arte moderna'. Honestos funcionários públicos ocupam-se de videoclubes, indivíduos insignificantes de boa reputação colocam móveis modernistas em seus apartamentos de mau gosto... Apenas alguns perceberam que uma simples gravura de Jean Hans Arp não é suficiente para mudar o estilo de vida nem a vida em si; uma curta gravação de Schwitters não preenche a monotonia de uma casa; um Max Ernst não é uma simples decoração de parede; um móvel de Mies van der Rohe em meio aos cacarecos de uma casa modernista mal projetada é como uma sentinela perdida, apesar de uma rica biblioteca sobre arquitetura e decoração."

Muitos artistas ainda não desistiram de tentar impedir determinados estabelecimentos de consumir cultura quase como um meio para melhorar a digestão, como aperitivo antes do jantar no restaurante três-estrelas. E nós, afáveis consumidores de cultura, acreditamos realmente que podemos incrementar nossa vida convencional com arte. Colocamos na prateleira boxes de CD com a obra completa de Wagner, Mozart e, se queremos ser avançados, de Stockhausen ou Penderecki, compramos livros ilustrados, catálogos ou gravuras na lojinha do museu, de acordo com a moda da época — e montamos assim um bastidor de cultura, certos de que ele enriquecerá nossa vida.

Mas não podemos nem ter certeza de que as sugestões de arte feitas pela mídia de hoje sejam ruins. Uma grande exposição de Vermeer realmente não deve ser perdida, mesmo se for patrocinada pela Shell e receber, todos os dias, a indicação de "imperdível". Provavelmente é preciso então assumir certa ignorância. No caso ideal, não sabemos o que o cânone midiático está pregando no momento, preservando assim um resto de imparcialidade. De qualquer maneira, temos de verificar em nosso consumo de cultura o que tem apenas uma função "social integrativa" — o que fazemos para "acompanhar" — e o que satisfaz necessidades reais.

Pré-estréias de óperas oferecem o melhor material de observação para se perceber o vazio do consumo da cultura. Apenas uma pequena minoria está lá para assistir ao espetáculo; a maioria quer ser vista e estar presente num evento cuja participação dá a noção de "pertencer". Os teatros também tratam a ópera como um acontecimento preferencialmente controverso, porque aos poucos o público habitual está diminuindo. Isso é especialmente visível em Bayreuth: o dia da abertura é reservado para aqueles que claramente sofrem ao assistir às longas óperas wagnerianas nas famosas cadeiras desconfortáveis do teatro e aguardam as duas longas pausas para ser recompensados por sua paciência. Daí eles se espremem por uma fila de curiosos e fotógrafos da imprensa para chegar ao restaurante do teatro, onde é servida uma comida muito cara e muito mediana. Mas apenas a minoria deles está lá para degustar a comida. O objetivo deles é, principalmente, ser vistos por Sabine Brauer, a fotógrafa da revista *Bunte*, e fotografados ao lado da senhora Merkel, chanceler alemã, ou de Thomas Gottschalk, um famoso apresentador de TV alemão.

Da mesma maneira que é divertido ver os freqüentadores de ópera arrumados correndo para a estréia, também é divertido perceber que agimos igualzinho, quase involuntariamente, usando a cultura e a mídia sobretudo para nos diferenciar socialmente, para participar de determinados grupos. Para a maioria das pessoas, consumir cultura é gastar dinheiro a fim de obter prestígio. Depois que comecei a reduzir minhas despesas com mídia e cultura, descobri que poderia abrir mão de muita coisa, sem economizar naquilo de que realmente gostava. Por exemplo, eu vivia com a idéia obsessiva de assinar o maior número possível de jornais e revistas nas línguas que eu compreendia razoavelmente para estar por dentro dos fatos. No ápice de meu vício, cinco jornais diferentes entupiam a caixa de correio todas as manhãs. Os vizinhos não acreditavam no que viam, porque nosso cesto comunitário de papel para reciclagem voltava a ficar cheio logo depois de ter sido esvaziado. Eu assistia às notícias da televisão quatro vezes por dia, me esforçava em seguir pela internet os "acontecimentos" nos Estados Unidos, França e Inglaterra. Eu apresentava os sintomas típicos de um viciado em informação.

Apenas depois que a falta de dinheiro me obrigou a seguir uma dieta para redução de mídia, cultura e eventos, descobri que tudo aquilo que eu julgava necessário para estar "por dentro" apenas me dispersava, empanturrava e constipava meus pensamentos. Agora sei que não preciso ter inúmeras assinaturas de revistas e jornais, e não sofro de quaisquer carências. Além disso, me viro sem um acesso à internet do tipo DSL de 2.048 quilobytes por segundo e, se um dia eu voltar a ter celular, por favor, que seja um que apenas faça e receba ligações. Não quero saber quem ganhou o Bambi, a Câmera Dourada, o Peru de Ouro; não preciso saber que palavra foi eleita a mais esdrúxula do ano, mas posso me interessar a qualquer momento por pesquisa neurológica ou genética, independentemente de uma destacada figura da mídia eleger algum desses assuntos como "tema do mês". Da mesma forma, não tenho necessidade de viajar a cada quinze dias para uma "metrópole da arte" européia a fim de visitar a mais nova exposição local, apenas porque soube pela televisão que é imperdível; posso muito bem ir ao museu mais próximo e apreciar belos quadros, mesmo que eles não sejam os elogios culturais da semana. Eu também não preciso assistir a todas as peças de teatro que estão sendo consideradas um escândalo. Hoje eu evito com sucesso até a enxurrada de notícias. Afinal, a maioria das notícias supostamente importantes não tem a mínima relação com minha vida. Quando quero recebê-las passivamente, ligo o rádio. Uma hora do programa radiofônico alemão de notícias comparado a uma passada rápida pelos canais da TV é como verduras da loja de produtos orgânicos em relação às gororobas prontas do supermercado.

O pesquisador de mídia estadunidense Bill McKibben, em um de seus livros, registrou todos os programas de televisão que foram transmitidos em 24 horas no estado de Nova York. Ele precisou de vários meses para assistir a todo o material, e descobriu que tinha diante de si inúmeras informações que não serviam para nada nem traziam algum tipo de enriquecimento.

De manhã à noite somos soterrados por informação e entretenimento. Neil Postman, a antiga estrela entre os contrários ao excesso de informações pela mídia, afirma que, quando começou a lecionar na Universidade de Nova York, os meios técnicos de pesquisa eram primitivos, mas os estudantes estavam totalmente aptos a ler, a escrever e a expressar em palavras seus pensamentos. Hoje existem programas de escrita, acesso eletrônico ao conteúdo de milhares de bibliotecas, todos têm acesso constante à internet sem cabo, mas uma minoria de alunos consegue escrever um texto coerente, e faz tempo que eles não têm mais idéias próprias, já que só ficam papagaiando coisas.

A geração que virá depois da nossa é alvo de sérias preocupações dos neurologistas, porque o mau desempenho na escola está cada vez mais relacionado com o assim chamado baixo nível da mídia. Hoje, no quarto das crianças não pode faltar o *kit* composto de televisão, computador, *playstation* e DVD, e elas passam diariamente duas horas jogando *videogame*. A capacidade de aprender as matérias da escola está reduzida ao mínimo, porque as áreas do cérebro utilizadas para o trabalho escolar estão ocupadas, são usadas em excesso para jogar *games* e assistir à televisão.

Nenhum aparelho favorece tanto a idiotização e o comportamento de massa como a televisão. Ela é a principal responsável por tanta estupidez, tanta brutalidade e banalidade e tanto desperdício de tempo. Não faz muito tempo, era preciso saber ao menos latim para pertencer à alta camada espiritual. Hoje em dia, basta abrir mão da televisão. Mesmo os supostos programas inteligentes, geralmente, apenas simulam uma transmissão de conhecimento. Quem precisa de transmissões ao vivo de Bagdá, nas quais os jornalistas, sentados num centro de imprensa isolado, recebem suas notícias por meio de centrais em Mainz ou Atlanta, e explicam aos telespectadores em Milwaukee e em Stuttgart o estado das coisas a partir "do local"? Funciona mais ou menos assim:

Apresentador do noticiário: "Bom dia. Você pode nos dizer como está a situação aí em Bagdá no momento?".

Repórter: "Não, Thomas, as coisas estão totalmente indefinidas. Estamos aqui no centro de imprensa, e nossos técnicos estão se esforçando ao máximo para retomar o sinal do satélite".

"As agências estão noticiando que o ministro do Interior renunciou. O que você pode dizer a respeito?"

"Sim, lemos essa notícia da agência aqui também. A maioria dos especialistas há dias está prevendo esse passo. Mas não conseguimos apurar nada em relação a isso. Normalmente, não saímos do centro de imprensa. Vamos ouvir o que o jornalista Scott Thomas da *Newsweek* tem a dizer a respeito. Ele entrevistou dias atrás o ministro do interior."

Via de regra, depois dessas cenas ao vivo, segue-se uma conversa em estúdio entre dois jornalistas — o de barba é um especialista em Oriente Médio. Quem não desliga a TV quando dois jornalistas se entrevistam mutuamente faz por merecer.

Permito-me a uma indiscrição aqui. O príncipe Charles estava recém-casado com Diana, e pressentiu que alguma coisa não ia bem quando ela fez questão de ter uma televisão no quarto. Ele pronuncia com tanto nojo a palavra *television* que parece estar dizendo "furúnculo".

Quando começamos a nos defender conscientemente contra o lixo da mídia, das opiniões e dos eventos, melhoramos nossa qualidade de vida de modo duradouro. Quem corre atrás de qualquer nova tendência ou moda leva uma vida muito cara, cansativa e uniforme. A coragem para ser diferente, por sua vez, economiza dinheiro e traz um sopro de autarquia — coisa que é cada vez mais um luxo neste nosso tempo sintonizado identicamente, homogeneizado.

Um dos caminhos mais bonitos para sair do lixo da cultura é partir para a especialização. Apesar de ser tão irritante em alguns pontos de vista, a falta de dinheiro pode ser uma oportunidade para definir prioridades e se livrar de todos os trastes que atulham a vida. O que restará serão coisas feitas verdadeiramente com paixão. Pessoas que têm conhecimento real em uma área — seja a vida e a obra de Glenn Gould, seja arte sacra da Idade Média ou *punk-rock* — são imunes ao comportamento de massa que o consumo de cultura determina para a maioria de nós. É claro que tais paixões podem facilmente descambar para a loucura, mas mesmo assim são o modo mais simples de ficarmos invulneráveis às regras dos modernos consumidores de cultura, de não corrermos de um tema para outro, de não nos preocuparmos hoje com a doença da vaca louca e amanhã com as maçãs geneticamente modificadas. Os conhecedores são ricos, ricos em conhecimento e independência.

"Voltar a ser crianças é impossível. Mas podemos tentar evitar que as crianças se tornem como nós."

ERICH KÄSTNER

Filhos, filhos

Da educação à felicidade sem obrigação de consumir

Presentear crianças? A mais dura prova de todas. Basta perguntarmos por papel de carta para crianças numa loja de departamentos qualquer, e os funcionários nos olharão como se levássemos o Alcorão debaixo do braço e um cinto de dinamite ao redor dos quadris. O capitalismo vulgar mostra na seção de brinquedos sua careta mais feia: tudo na mão de dois, três conglomerados, que dividiram o mundo entre si como monstros num desenho animado. Todos os brinquedos de plástico contêm aditivos que soltam toxinas, independentemente de nossos filhos pequenos os colocarem na boca ou apenas os segurarem na mão. Atualmente, quase todos os brinquedos vêm da China ou do Vietnã, onde as crianças dão duro, quase de graça, em lugares como Kung-

Chu-Ling e Haiphong, dentro de fábricas mal ventiladas que pegam fogo de tempos em tempos.

Apesar disso, os pesquisadores de mercado informam alarmados que as crianças não querem mais brinquedos. Na América do Norte e na Europa ocidental, a metade das crianças entre quatro e seis anos prefere *videogames*. No passado, crianças de 11 anos ainda gostavam de brincar com Playmobil; hoje um menino de 6 anos se interessa principalmente pelo *laptop* do papai.

As preocupadas estratégias de *marketing* das indústrias de brinquedos estão descobrindo aos poucos um fenômeno que já pesquisei exaustivamente em minha casa: as crianças estão saturadas dos brinquedos. Meu filho mais novo sempre se interessou mais pelo meu computador do que por coisas bobas de plástico. Quando ele é deixado um minuto sem supervisão, surge com uma escova de limpar vaso sanitário, porque me viu com uma na mão, ou pega o telefone que está jogado num canto e tecla um número qualquer dos Estados Unidos. Ele sabia teclar "001" muito antes de falar "carro". Minha filha é totalmente "descomplicada". Na verdade ela só brinca com sua boneca preferida, que já está totalmente destroçada — como espantosamente todas as bonecas preferidas das meninas de sua idade —, tem apenas um olho e mal lhe sobram cabelos. Todos os presentes que minha filha ganha são deixados de lado depois de um tempo, e ela volta para sua velha boneca, que está sempre a seu lado, independentemente do lugar ou da hora.

A loucura por presentes e brinquedos não é congênita, mas claramente ensinada com dedicação aos nossos filhos. Mas a grande arte do aprendizado do prazer está em não lhes dar tudo de mão beijada. Exatamente os pais com orçamento limitado tendem freqüentemente a soterrar os filhos com coisas que, no fundo, não poderiam comprar. Por medo de estar deixando de dar alguma coisa que é de direito dos filhos, eles acreditam ter de comprar todo o lixo — as bonecas falantes, a mochila escolar com as personagens da Disney, os *games*, o uniforme completo da Nike — para que as crianças não tenham a sensação de estar sendo prejudicadas em relação a seus colegas de classe. Quando essas crianças crescerem e se tornarem consumidoras, não saberão lidar com a limitação, porque lhes foi ensinado querer ter tudo aquilo que o vizinho tem. No pior dos casos, a criança que é soterrada com tudo o que há no mercado, desde o nascimento até o fim da idade escolar, em algum momento considerará que passar necessidade é uma grande aventura, como o herói do romance *1979*, de Christian Kracht [Kiepenheuer & Witsch, 2001]. Enfastiado em um mundo de luxo despropositado, vai se afastando dele mais e mais, até chegar ao fundo do poço num centro de ressocialização chinês.

A criança mais pobre que já conheci foi o pequeno Ali Kashoggi, o caçula do multimilionário Adnan Kashoggi. Seu quarto no palácio de Kashoggi, nas montanhas acima de Marbella, tinha o tamanho de um ginásio de esportes. Todos os brinquedos eram absurdamente grandes: ursinhos de pelúcia imensos, carrinhos de brinquedo imensos, entre eles modelos para crianças dirigíveis da Ferrari e Rolls-Royce. E entre as coisas que não paravam de apitar, tocar, buzinar e piscar estava o garoto. Um chatinho insuportável, que perturbava suas inúmeras babás, que não sabia se ocupar sozinho, que parecia estar ora entediado, ora irritado. Palhaços iam à sua casa para diverti-lo à tarde, mas nunca o vi gargalhar. Um tempo depois, soube que ele foi mandado à escola em Nova York. Provavelmente a uma dessas escolas de crianças ricas como Spence, que é conhecida pelo fato de as meninas de 11 anos já desfilarem com bolsas Prada, ou Dwight e St. Ann's, famosas pelo consumo de álcool e drogas pelos alunos. O que essas crianças ainda podem desfrutar? Muitas vezes não lhes resta nada além de se tornar *hippies* em Goa ou mendigos viciados em heroína na Algéria, a fim de compensar os excessos de sua infância.

O prazer só pode ser maximizado quando se aprende a abrir mão. O filósofo Arnold Gehlen afirmava que o ser humano está sob uma pressão constante que o leva a coisas que extrapolam a simples satisfação de suas necessidades prementes. Ele chamou esse querer sempre mais de "excesso de estímulo". Sem isso, conforme Gehlen, o ser humano não teria alcançado o que alcançou. Sem excesso de estímulos, não teria alterado totalmente a face da Terra.

O impulso por mais, melhor, mais novo, assim como o desejo de prazer, faz parte de nossa natureza. Quem se opõe a isso se torna infeliz, porque não é possível se insurgir contra a própria natureza. O segredo do prazer é conhecer as paixões e — em vez de lutar contra elas ou negá-las — controlá-las. O latim usa para tanto a bela palavra *temperantia*, que é tão bonita porque não soa como refreamento ou disciplina, mas como a arte da composição correta, utilizada, por exemplo, numa receita, em que a questão não é não usar açúcar ou farinha, mas dispor das quantidades exatas, a fim de não estragar o todo. Para o cristão, a moderação é uma das virtudes cardinais, o budismo aconselha a moderação, e muitos médicos também.

O desafio educacional é o seguinte: como proteger os filhos de se tornarem idiotas consumidores manipulados, tutelados pelas massas, que querem tudo o que lhes é propagandeado? Como estimulamos a auto-estima, como treinamos a capacidade de exercitar o desapego, em que os outros se agarram três vezes? A resposta mais importante de todas é: não há uma receita secreta. Podemos fazer questão de que nossos filhos só brinquem com patinhos de madeira construídos de acordo com a pedagogia Waldorf, não industrializados, trabalhados artisticamente. Mas precisamos saber que, em algum momento, eles manifestarão seu desejo de jogar *videogames* que valorizam a violência ou de ter uma boneca falante de marca. E, quando tiverem de escolher entre um brinquedo ecológico de alto valor pedagógico e um monstro de plástico que solta sons altos e pisca quando é apertado, eles irão... Sim, exatamente. Não sei como educar os filhos para que se tornem, com certeza absoluta, cidadãos do mundo econômicos, de bom gosto, com consciência ecológica. Mas eu sei que seria um erro fatal apostar tudo em contestar suas tendências. Isso geralmente produz o efeito contrário.

Baseada nas experiências de anos em seu consultório psicoterapêutico, Christa Meves relata que os filhos de pais especialmente bem-intencionados, que lhes querem negar todo e qualquer materialismo e desejos de posse, muitas vezes se tornam adultos cheios de cobiça ou muquiranas doentios. O psicanalista israelense S. Nagler provou que crianças cujos pais tentam anular-lhes o impulso de posse apresentam, na maioria das vezes, distúrbios psíquicos. Ele relata, por exemplo, o caso de uma criança muito inteligente, que não queria aprender a fazer contas porque tudo relacionado com pegar e ficar era tabu para ela. Ou seja, não se criam seres humanos saudáveis impedindo-lhes o impulso de posse. O "querer ter" não é uma fraqueza, mas sim uma necessidade humana, que só podemos moderar quando começamos a reconhecê-la, sem combatê-la com toda força.

Entretanto, ouso apresentar uma regra de educação: deveríamos tentar educar nossos filhos para a independência, e uma educação voltada à independência é uma educação para a liberdade. O objetivo é que os filhos se tornem capazes de fazer o certo por convicção interna. Bem banal: minha filha não escova os dentes porque "tem de" ou porque "todo mundo" escova, mas porque, se não o fizer, as bactérias vão se acumular em sua boca. Quanto mais fácil é fazer o certo, mas felizes ficamos! Quando chamamos um músico de virtuose, queremos dizer que ele não apenas sabe tocar sem erros, como também o faz com facilidade, habilidade e sem esforço visível. É isso que o diferencia de um iniciante, que precisa se esfalfar muito. Quem faz o certo sem esforço exagerado realmente chegou lá. E isso não se alcança por obrigação, mas por conhecimento.

Transmitir conhecimento, porém, pode tomar tempo. Quando minha filha quer um sorvete de qualquer jeito porque a amiguinha está tomando um, são três as reações básicas possíveis. Opção A: eu compro um sorvete para ela e o assunto se encerra rapidamente. Opção B: eu não compro um sorvete para ela, "Chega!", e sei que ela vai ficar mal-humorada e chorar. Opção C: eu tento explicar-lhe que uma das coisas que distingue os seres humanos das ovelhas é a capacidade de não balir só para se juntar às outras. Em 80% dos casos — agora sim — minha filha continua querendo o sorvete, e preciso me decidir entre a opção A e a B. Às vezes, porém, a opção C funciona. Em certos dias especialmente quentes, até nos divertimos em não comprar um sorvete quando vemos outras pessoas com um Magno enorme nas mãos e nossa boca fica cheia d'água. Nosso sinal secreto é "béééé!". Quando um de nós diz "béééé!", significa que tentaremos superar nossa ovelha interior, que sempre quer ter exatamente a mesma coisa que as outras.

A educação à autonomia também deve ser aplicada de modo moderado, sem exigir constantemente que nossos filhos sejam diferentes dos outros. Como os pássaros, as crianças querem voar em bandos, talvez para a ave de rapina não pegá-las. Não há uma receita comprovada para se alcançar uma medida saudável de não-conformismo porque parece ser uma lei natural o fato de as crianças, a partir de certa idade, fazerem justo o contrário do que os pais acreditam. Filhos de clientes de lojas de alimentos orgânicos muitas vezes se transformam surpreendentemente em *gourmets* apaixonados pela criação intensiva de animais; pais que forçam o filho a tocar um instrumento musical desde cedo têm a garantia de que, no mais tardar a partir da puberdade, ele rejeitará tudo o que for relacionado à música. Se levássemos essa lógica até as últimas conseqüências, concluiríamos que a melhor estratégia seria viver com as crianças da maneira que mais detestássemos, a fim de provocar nelas o comportamento desejado. Mas isso me parece muito cansativo.

O fato de eu não deixar mais o apartamento pela manhã para passar o dia no escritório trouxe-me algumas vantagens decisivas no que diz respeito à educação dos filhos: as crianças observam que o trabalho não é algo desagradável e que pode ser combinado sem esforço com atividades como cortar as unhas dos pés e dar uma cochiladinha à tarde. Meu orçamento para brinquedos reduziu-se significativamente, mas posso esbanjar uma coisa que os pais mais ricos têm de racionar muito: a atenção. Pais com sucesso profissional não têm outra alternativa — até para acalmar sua consciência pesada — do que soterrar seus filhos com brinquedos.

O caso de um casal rico que pediu ajuda a uma equipe de psicólogos porque seus filhos de 9 e 11 anos tinham "tudo", mas não paravam de brigar, é famoso na psicologia infantil. Os psicólogos fizeram as seguintes observações: os pais nunca passavam muito tempo com os filhos; quando estavam em casa, geralmente recebiam convidados. O modelo seguido pelos dois galinhos de briga era sempre o mesmo. Eles se ocupavam pacificamente, cada um com suas coisas, até o momento em que a mãe passava para checar se estava tudo bem. Nesse instante começava a briga entre os garotos, que a mãe evidentemente tinha de acalmar. Finalmente eles se acalmavam, mas depois de meia hora a confusão recomeçava. Quando os dois brigavam alto o suficiente, não aparecia somente a mãe, mais também o pai, e ele xingava mais alto ainda, o que amedrontava os garotos, mas deixava no rosto deles uma expressão que entrou nos livros de psicologia como "o sorriso de Mona Lisa". Quando os pais finalmente quiseram saber qual era o problema dos filhos, os psicólogos tiveram de lhes explicar: "Seus filhos brigam porque têm certeza de que assim conseguirão a atenção de vocês".

Talvez a coisa mais preciosa a dar aos filhos só esteja disponível em quantidade suficiente para os pais que têm menos dinheiro e, por isso, mais tempo. Atenção pode significar um pequeno e animado passeio até a agência dos Correios mais próxima ou o ato de cozinhar junto, qualquer tarefa cotidiana que façamos com os filhos. Mas hesitei muito em incluir as crianças em uma dessas tarefas: as compras. O ser humano desperdiça grande parte de sua vida com compras estúpidas e, de algum modo, eu resistia a acostumar meus filhos a isso precocemente. Entretanto, as compras são uma boa oportunidade para ensinar aos filhos que é possível entrar numa loja sem sucumbir a todas as tentações expostas.

Em todos os supermercados do hemisfério ocidental, os produtos que liberam violentas descargas de dopamina nas crianças estão colocados, muito gentilmente, à altura de seus olhinhos. Para nos defender desse terror, minha filha e eu elaboramos o seguinte jogo: encaramos o supermercado como um percurso onde há centenas de armadilhas que querem nos fazer comprar coisas das quais não precisamos. O jogo é passar pelo percurso sem se deixar seduzir. Vence quem conseguir comprar apenas aquilo que tinha decidido de antemão, ou seja, por exemplo, um litro de leite, algumas bananas e as duas toneladas e meia de balinhas de goma que minha filha adora. Quando vamos fazer compras juntos, nos dividimos em times. Ganha o time que conseguir ficar mais tempo empurrando um carrinho vazio.

Joguinhos desse tipo aumentam a resistência às seduções do consumo. Para nós, a geração dos pais jovens, não é fácil viver num mundo que nos vicia e que nos incentiva 24 horas por dia a comprar uns produtos quaisquer que prometem felicidade. A próxima geração terá de mostrar muito mais capacidade de resistência do que nós. Como nossos filhos terão menos dinheiro, a luta da economia por tostões será cada vez mais impiedosa.

Em alguns supermercados da Califórnia, o futuro já começou. Lá o comprador é atingido por mensagens publicitárias, mas não como nas culturas primitivas que usam alto-falantes; não, cada cliente é abordado individualmente. Quando passamos pela prateleira dos frios, uma simpática voz feminina nos lembra de que o queijo, do qual gostamos tanto, está em oferta. Mas apenas nós escutamos a voz; a senhora roliça ao lado será cantada com a novidade *light*.

Caso essa tecnologia se imponha no setor de consumo, e vai se impor, passaremos a ser atingidos individualmente pela publicidade. Porém isso se tornará interessante para a economia apenas quando for possível saber alguma coisa sobre a pessoa em questão, com o levantamento de seu perfil de compras no momento em que ela entrar na loja, ao qual as mensagens publicitárias serão adequadas. Para tanto, é preciso usar uma identificação por radiofreqüência, os *chips* RFID. Esses *minichips* não são ficção científica; estão em uso há anos, por exemplo, nas chaves de carro com bloqueador eletrônico de partida ou nos livros de bibliotecas; apenas encolheram até o tamanho de um grão de areia e podem armazenar informações para as quais, há algum tempo, ainda precisávamos de um organizador pessoal (*personal organizer*). Eles estiveram presentes nos ingressos para a Copa do Mundo de Futebol de 2006, e um minúsculo *chip* de rádio está colocado também no novo passaporte europeu e contém nossas informações. Os entusiastas do RFID sonham com nunca mais ter de guardar tíquetes de caixa e com o fim das filas nos caixas, pois o dinheiro para pagar as mercadorias poderá ser baixado diretamente da conta-corrente ao sair da loja.

O consumidor de amanhã será um ser muito transparente, e seu dinheiro será cortejado com métodos cada vez mais refinados. Apenas se educarmos nossos filhos para ser pessoas de pensamento autônomo, conscientes de que não ceder a uma tentação também pode ser um prazer, eles terão chance de ser ricos, independentemente de quanto dinheiro tiverem na conta.

"Viver da maneira mais individual possível neste tempo coletivo é o único luxo verdadeiro que ainda existe."

ORSON WELLES

Comprar melhor

Como fazer compras sem se imbecilizar

No pátio do Instituto de Pesquisas Animais em Pequim há uma estátua em homenagem ao "rato de laboratório desconhecido". A atitude é compreensível em razão dos muitos conhecimentos decisivos que nós, humanos, devemos a milhares de ratos, camundongos e macacos. Por exemplo, apenas os ignorantes ainda consideram um ataque consumista bem planejado como um meio comprovado contra as depressões do dia-a-dia, pois a ciência já demonstrou há tempos que o consumo não apenas não traz felicidade, como, ao contrário, até nos faz perdê-la. O que incentiva o *Homo sapiens*, diz a pesquisa, é a expectativa de felicidade; a realização de seus desejos o entedia.

O neurologista Wolfram Schultz é autor de uma famosa experiência com macacos. Os animais de teste foram presos em gaiolas com a abertura do tamanho da palma de uma mão. Acima da abertura havia uma lâmpada. Todas as vezes que os macacos recebiam algumas fatias de maçã a lâmpada piscava um pouco antes. Pouquíssimo tempo depois os macacos tinham aprendido: quando a pequena lâmpada acendia, iniciava-se a produção de dopamina no cérebro deles. Mas Schultz descobriu que essa substância mensageira do prazer era secretada apenas quando os macacos estavam na expectativa de sua recompensa. Quando as fatias de maçã finalmente chegavam, a taxa de dopamina permanecia inalterada. Ou seja, a recompensa em si não trazia felicidade ou prazer, nem nenhuma outra reação mensurável no cérebro. A expectativa de felicidade é que era empolgante — sua satisfação não trazia aumento algum de prazer.

Mas o professor Schultz avançou. Ele queria saber se o aumento na qualidade das recompensas faria uma diferença mensurável. Então, passou a recompensar os macacos depois do sinal de luz não com fatias de maçã, mas com passas. Oba! A partir daquele momento o cérebro injetava ainda mais dopamina assim que a lâmpada acendia. Mas os animais se acostumaram muito rapidamente à comida melhor — a dopamina foi diminuindo e oferecia aos macacos exatamente o mesmo sentimento de felicidade que eles sentiam quando se alegravam apenas com as maçãs. Depois de um tempo, quando Schultz voltou a oferecer fatias de maçã em vez de passas, a taxa de dopamina dos macacos chegou até a decrescer. A lâmpada acesa não animava mais os macacos esnobes. Se antes, mesmo no momento da centésima repetição, simplórias fatias de maçã os deixavam animados, agora eles as desdenhavam cheios de decepção. A cristalina conclusão do professor Schultz: quanto mais altas nossas expectativas, mais difícil é alcançar a felicidade.

Mais ainda: nossa felicidade não aumenta com o prazer, mas sim com sua expectativa.

O famoso filósofo Ernst Bloch não precisou usar macacos para descobrir a mesma coisa. Sua teoria sobre a "melancolia do conquistado" já mencionava, bem antes dos experimentos da neurologia, que os desejos e nostalgias sempre morrem no limiar de sua satisfação. Ser for internalizada, essa constatação pode nos poupar muito dinheiro. Claro que queremos ter um *iPod* ou a mais nova câmera digital. Mas, quando isso acontece, não nos sentimos melhor do que antes. Então, podemos abrir mão de cara dessa coisas.

Minha irmã Maya internalizou isso, mas sem nunca ter se aproximado do tema cientificamente. Fazer compras com ela é o máximo. Ela entra numa loja, por exemplo, com a forte determinação de comprar um par de sapatos. Ela experimenta vários pares, se for o caso pede outros modelos do estoque ou até de uma outra filial — e um pouco antes do fechamento da compra ela geralmente muda de opinião e diz: "Vou pensar e volto mais tarde". O que ela naturalmente não faz. Quando caminhamos com ela por um calçadão, um *shopping*, um terminal de aeroporto ou lugares semelhantes, ela nunca deixa de procurar uma perfumaria, onde se borrifa com perfume e carrega um vidro ou uma nova espuma de banho em direção ao caixa, mas, no momento em que entra na fila, a coisa toda a entedia, ela devolve as caixinhas e vai embora. É claro que essa versão avançada do antigo "namorar as vitrines" que só serve para despertar o desejo funciona apenas se a intenção de compra for real. Entrar numa loja apenas para perturbar o vendedor não tem graça.

O que minha irmã, Ernst Bloch e o professor Schultz entenderam: o consumo, ao qual somos despertados pela publicidade e pela mera oferta, nos traz prazer apenas em raríssimos casos. Olhando com atenção, as coisas que mais custam dinheiro não passam de bobagens supérfluas, pérolas de vidro sem valor, sem utilidade, que a publicidade nos convenceu serem indispensáveis. Por um momento, vamos analisar o conceito "objetos de valor" da perspectiva de um ladrão: vale a pena retirar de qualquer casa, em primeira linha, aparelhos técnicos, televisão, DVD-*player*, aparelho de som, computador. Todas essas coisas, após dois, três anos, envelhecem e perdem seu valor de revenda. O historiador Rolf Peter Sieferle afirma que, apesar do relativo bem-estar das massas, nos transformamos numa "sociedade dos sem-propriedade". Embora a sociedade disponha, por todas as suas camadas, de uma infinidade de pequenos pertences, os valores reais estão nas mãos de uma camada minúscula que está se tornando cada vez menor.

Os rendimentos de alguém de classe média podem ser imensos — um trabalhador especializado pode ganhar bem mais que um milhão de euros em sua vida —, mas sua riqueza pessoal, duradoura, será via de regra apenas uma fração do que recebeu, por causa de gastos com bugigangas sem valor ou da inútil mudança de tempo: porta-garrafa de madeira de pinho, aparelho de *fondue*, máquina para *waffles*, títulos de clubes, máquinas de sorvete e de iogurte, tamancos com gel no solado, mochilas de caminhada, casacos com forro removível, cortador de cebolas para viagem, balanças que medem a gordura separadamente do resto da massa corporal, moedores de carne de "aço escovado", papa-bolinhas com reservatório, aparelhos elétricos para massagem, seladora térmica para saquinhos de batatas fritas, dois espremedores de frutas *chi machine*, panelas assinadas por *designers* e travesseiros magnéticos.

Um dos aspectos mais animadores do relativo empobrecimento é finalmente termos a oportunidade de nos livrar de todo o lixo do bem-estar. Para que isso dê certo, precisamos primeiro ter consciência da lavagem cerebral à qual estamos expostos como ignorantes consumidores de longa data. Por que a publicidade sempre consegue nos convencer de que uma coisa é absolutamente necessária, embora, na realidade, seja apenas um estorvo? Por que grandes redes de café conseguem nos convencer a pedir um *frappuccino* sabor caramelo, embora nossa preferência seja uma xícara de café preto? Por que aqueles que estão num dos extremos da escala social gastam seu dinheiro com *ringtones* diferentes para celular e os outros, do outro extremo, com Mouton-cadet, cujo rótulo lembra um grande *château*, mas que na realidade não passa de um vinho tinto misto? Por que a Gillette consegue colocar regularmente no mercado aparelhos de barba com nomes absurdos como "MACH 3 Turbo" e nos convencer de que os novos barbeiam mais suavemente que os anteriores?

O livro de Frédéric Beigbeder enfatiza bem os mecanismos da publicidade. Beigbeder foi redator de publicidade durante dez anos. Sua personagem principal, Octave Pagano, que acha seu mundo repugnante, no qual tudo, até ele, é comprável, diz a certa altura: "Se você economizou o suficiente para comprar o carro dos sonhos que lancei em minha última campanha, saiba que ele já estará muito ultrapassado na próxima. Estou sempre três ondas à sua frente e o engano com segurança. Glamour é o país ao qual nunca chegamos. Eu hipnotizo você com novidades que têm a vantagem de não permanecer novas... Meu trabalho é fazer com que sua boca fique cheia d'água. Em minha profissão, ninguém quer sua felicidade, pois pessoas felizes não consomem". Mas já nos anos 1920 do último século um publicitário de comerciantes em Filadélfia dizia: "Vendam a eles o que eles ambicionam, o que eles esperam, o conteúdo de seus sonhos mais ousados... As pessoas não compram o que precisam. Elas compram esperança — elas esperam aquilo que sua mercadoria lhes dará". Se prestarmos bastante atenção, perceberemos que as mensagens publicitárias são promessas de sentido, mas, se as mercadorias realmente trouxessem sentido, a receita logo cairia; o sistema funciona com a constante expectativa do que foi prometido. É o método simples do burro e da cenoura amarrada numa vara.

A promessa de exclusividade é um atrativo que comprovou ser um meio especialmente eficaz de sedução. Ou seja, a esperança de possuir um relógio que não apenas nos mostre as horas, mas também nos transmita a sensação de pertencer a um círculo distinto de pessoas. Mas, num tempo em que toda a indústria têxtil de produtos populares escolhe um estilista famoso como consultor e toda rede de supermercados conta com um *chef* estrelado para palpitar no setor de alimentos orgânicos, essa jogada fica cada vez mais difícil. Aos poucos, nem o consumidor mais inocente vai cair no conto de que os artigos de massa são produtos de luxo. Isso funcionou bem durante um bom tempo e, por meio do princípio da escassez artificial, era possível manter a ilusão de que algo produzido centenas de milhares de vezes era luxo. As empresas que trabalham com o luxo aumentam o desejo das pessoas por seus produtos, quando não inundam o mercado com eles.

Hoje, nem mesmo na periferia é possível entrar num veículo de transporte público sem topar com pelo menos três pessoas com bolsas Gucci ou Louis Vuitton. E atualmente também ninguém mais se envergonha de possuir uma cópia barata em vez do original caro — ter a bolsa original ficou quase brega. As cópias piratas têm uma aura de audácia, de cosmopolitismo, pois réplicas perfeitas não estão disponíveis nas principais ruas de comércio da cidade de Bietingheim-Bissingen, mas apenas em Hong Kong e Bangcoc. Se até minha irmã Gloria afirmou abertamente numa entrevista à revista *Spiegel* que, em vez das bolsas Louis Vuitton, prefere comprar boas falsificações por um décimo do preço ("Afinal, as originais são apenas para os oligarcas russos"); se até uma mulher como minha sogra entra com a maior naturalidade do mundo numa loja da Cartier, em Munique, com um relógio quase-Cartier feito em Hong Kong a fim de diminuir a pulseira e diz calmamente "Eu sei" quando a vendedora lhe avisa discretamente de que se trata de uma falsificação, está claro: o tempo dos objetos industrializados de luxo ficou definitivamente para trás.

E como ficam os símbolos clássicos de prestígio, o ouro e as pedras preciosas? Em matéria de distinção, servem apenas para reconhecer, de longe, quem os usa como alguém de gosto duvidoso e dinheiro na carteira há apenas cinco minutos. A melhor opção para quem procura lidar com jóias "nobres" de maneira descontraída é sintonizar um dos canais de compras pela televisão, nos quais é oferecido o que não se encontra mais em ruas elegantes como a Bahnhofstraße, em Zurique, ou o Jungfernstieg, em Hamburgo: colares de ouro da grossura de lingüiças, anéis massudos como furúnculos, gargantilhas da linha "il Re" ("para as exigências da realeza"), que são mostrados com reverência à câmera por apresentadores chamados Bob, que asseguram aos telespectadores que "reis e princesas" também preferem jóias nobres de *design* geométrico céltico, mas que a edição dessa linha é limitada e o melhor a fazer é ligar imediatamente para assegurar uma peça.

Nos brinquedos eletrônicos, a distinção funciona também ao contrário do que ocorria no passado, quando o celular era símbolo de *status*. Quando os primeiros modelos portáteis chegaram ao mercado, provocavam alvoroço. Lembro do meu primeiro celular da marca Siemens com alguma saudade. Ele era do tamanho de uma bolsa feminina média e pesava cerca de cinco quilos. O toque era um sinal de alarme histérico, que atraía olhares temerosos em todos os vagões do trem. Hoje não existem objetos mais corriqueiros que celulares, e quem quer se diferenciar dispensa a permanente conectividade em áudio. Será muito ridículo se adultos de olhar fixo — aquele que associamos primeiro a crianças viciadas em Nintendo do que a seres pensantes — passarem o tempo todo e em qualquer lugar teclando seu celular. Realmente, uma cena da chanceler Merkel ocupando seu lugar no Parlamento com aquele olhar de Nintendo e mandando torpedos sem parar é inimaginável.

Prestígio e *status* definem-se também pelo consumo. Na história, apenas em raríssimos casos a fartura material teve a função de oferecer prazer — aliás, ela não é adequada a isso. Em seu livro *A teoria da classe ociosa*, Thorstein Veblen sustentou a tese de que ganhar dinheiro era um sinal de força de caráter e inteligência; a pobreza, ao contrário, de fracasso. Infelizmente, essa visão teve muita influência até pouco tempo atrás. Quem podia comprar um carro novo era um membro valioso e aplicado da sociedade; quem rodava pelo mundo numa lata velha, um preguiçoso inútil. De acordo com a visão de mundo de confissão capitalista, somos obrigados ao consumo, que é o sinal visível do trabalho. Dessa maneira, a fartura material foi durante longo tempo uma questão da decência e da honra burguesa. Hoje, o luxo verdadeiro é muito mais a auto-afirmação contra a pressão do consumo, que, como vimos, mais sobrecarrega do que alivia nossa vida. Assim, se lidarmos bem com o tempo da riqueza minguante, poderemos, paradoxalmente, fazer nossa qualidade de vida melhorar.

Desde a última década do século passado formou-se um movimento contrário à sociedade do desperdício; nos Estados Unidos, começou com livros como *Clutter's Last Land* (1984) e *Simplicidade voluntária* (1989) [ed. brasileira: São Paulo: Cultrix, 1999], e mais tardar a partir de *No Logo*, de Naomi Klein (2000) [ed. brasileira: *Sem logo*, Rio de Janeiro: Record, 2002], a rejeição de conglomerados de ação global tornou-se um sinal de vanguarda. Muitos enxergam Vancouver, no Canadá, como a central mundial do movimento anticonsumista. Lá vive Kalle Lasn, autor do livro *Culture Jam* [Harper, 2000]. Ele edita trimestralmente a revista *Adbusters*, conhecida não só por seus textos sobre teoria da cultura, mas principalmente por suas antipropagandas, que se utilizam da psicologia da publicidade para ridicularizá-la e à loucura do consumo que ela incita. Uma das mais famosas antipropagandas veiculadas pela revista é uma paródia da propaganda da Calvin Klein, na qual um homem olha para dentro de sua cueca cheio de orgulho, e no alto da imagem aparece escrito "Obsession". Numa outra vemos numa cama de hospital a personagem publicitária da Camel, Joe Camel, agora como paciente com câncer e com seu novo nome, Joe Chemo (*chemo* nos remete à quimioterapia em inglês).

Há filmetes de antipropaganda de Kalle Lasn, mas eles só são exibidos em festivais de cinema, pois as emissoras de

 TV, evidentemente, não querem melindrar seus anunciantes. O maior triunfo de Lasn seria a exibição de seus *uncommercials* na telinha, a entrada na "central de comando da cultura de consumo". Seus filmetes anunciam a "semana sem televisão", acusam satiricamente a indústria da beleza, causadora da bulimia e da anorexia, e provocam a indústria automobilística. A maioria dessas antipropagandas é produzida por pessoas que têm bons empregos na publicidade e que trabalham por fora para Lasn, "por causa da consciência pesada", como ele diz.

Para manter o comportamento de consumo compulsório sob controle, é possível lançar mão de pequenos truques. Nos Estados Unidos, alguns consumistas contrariados inventaram o "Dia de não comprar nada", o que é genial, porque realmente é possível fazer disso um esporte. Escolhemos um dia da semana, sexta-feira, por exemplo, no qual nos obrigamos a não gastar nem um centavo, nem em dinheiro, nem com cartões. Isso não é nada fácil: quem experimenta esse jogo percebe quantas decisões de compra quase inconscientes toma diariamente. Para participar do jogo, o ideal é não ter *hobbies* muito exigentes em matéria de dinheiro vivo, como fumar ou sair para tomar cafezinhos a toda hora.

Uma iniciativa de popularizar a "camisinha do cartão de crédito" também surgiu nos Estados Unidos. As pessoas tinham de colocar seus cartões de crédito em pequenos envelopes nos quais havia perguntas como: "Você realmente precisa disso?"; "Você está comprando isso para preencher algum tipo de vazio interior?". Em cada compra, elas tinham primeiro de tirar o cartão da "camisinha". A coisa não pegou. Mas a idéia por trás é válida: a maioria das coisas que compramos é supérflua, e as coisas que compramos por economia, mais ainda.

As cadeias de lojas reconheceram há tempos nossa compra compulsiva de produtos que têm seus preços visivelmente reduzidos; é por isso que nas drogarias quase não há produtos que não estejam "em oferta", fazendo com que pessoas comprem pacotes duplos de lencinhos umedecidos sem nenhuma necessidade. Tenho um amigo na Suíça que começou a comprar coisas apenas quando estavam em oferta. Em seguida passou a comprar qualquer coisa que estivesse em oferta. Só parou quando percebeu que havia comprado areia de gato, porque se lembrou de que não tinha gato.

A renúncia ao excesso não é realmente algo novo. Essa reação sinaliza o fim de todas as épocas de prosperidade. Na fase final da Antiguidade, os motivos foram principalmente estéticos; na Idade Média, religiosos; no ápice da Revolução Industrial na Inglaterra, a motivação veio em especial dos românticos e dos socialistas de salão, como John Ruskin e William Morris, que se sentiam incomodados com o consumismo. Mas essas correntes nunca conseguiram arrebanhar um grande número de adeptos, porque sempre tiveram um viés moralista. No século XIX, quando John Ruskin acusou seus compatriotas de perder de vista as coisas essenciais da vida por causa do imenso avanço econômico ("Não existe nenhuma riqueza maior do que viver com nossa infinita capacidade de amor, alegria e admiração"), o crítico da *Saturday Review* escreveu que o tom de Ruskin lembrava o de uma "governanta rabugenta".

Hoje a situação é outra. Primeiro, o fato de nos afastarmos do consumismo não é mais uma questão de virtude ou moral, e mesmo argumentos ecológicos não servem para motivar as pessoas a fazer muito mais do que separar o lixo para reciclagem. Não podemos evitar a economia. E, como reconhecemos que nosso sagrado bem-estar sofreria se continuássemos agindo como até então, nosso afastamento do desperdício tem algo de libertador. A indústria tenta acompanhar esse desenvolvimento inundando-nos com produtos para saúde e bem-estar, fazendo com que a maioria dos sabonetes e cremes para a pele que estão no mercado possam ser usados para passar no pão, sem maiores conseqüências. Mas o *boom* desses produtos é apenas uma vitória parcial da indústria. É simplesmente uma questão de tempo a difusão da mensagem de que o bem-estar não está à venda, embora possa ser alcançado se a idéia de comprar menos se espalhar até o último recanto do mundo consumidor.

Parte III

"Mas eu não posso deixar de dizer à pobreza: seja bem-vinda, desde que você não se atrase em muitos anos. A riqueza camufla mais o talento do que a pobreza, e embaixo das montanhas de ouro e dos tronos talvez esteja soterrado algum gigante espiritual oprimido."

JEAN PAUL

Os pobres ricos

Por que o dinheiro atrapalha a felicidade

Deve ter ficado claro que a grande maioria das coisas que nos são enaltecidas como "luxuosas" são de gosto bastante duvidoso e incômodas. Quem precisa de trufas, se existe pão fresco com manteiga e sal?

Enquanto não tememos pela sobrevivência e não passamos por necessidades, enquanto conseguimos pagar o aluguel e comprar as coisas que nos são realmente importantes, podemos levar uma vida feliz e também cheia de estilo — a não ser que sonhemos em ficar ricos. Aí a discrepância entre a situação em que nos encontramos e aquela na qual gostaríamos de estar torna-se fonte de eterna insatisfação. Por isso, uma das receitas mais certeiras para ficar infeliz é jogar na loto.

A felicidade não depende de quantas contas-correntes possuímos. Ela nem é especialmente favorecida pela riqueza. Muitas pessoas ricas sabem disso e ambicionam uma "vida simples". Mas, mesmo com todos os esforços para se livrar da carga do supérfluo, sua ânsia pelo simples permanece sempre insatisfeita. O empobrecido, por sua vez, não precisa ter tanta força de vontade para levar uma vida elegante, livre de supérfluos. Sua situação simplesmente o obriga a isso. Os ricos permanecem sempre reféns de seu dinheiro, agarrando-o ou tentando afastar-se dele. Os pobres de verdade é que são os ricos — apesar de o capitalismo ter tentado nos convencer do contrário. Eles são invejados porque ganham muito dinheiro, embora ganhem mesmo compaixão.

A maioria das pessoas ricas é perseguida pelo medo, por exemplo, de ser roubada. Conheço um casal que mora numa mansão com uma vista maravilhosa. Olhando de fora, parece um sonho. Na realidade, os dois vivem lá como numa prisão, pois a casa é repleta de tesouros artísticos. Na área de entrada há uma escultura de Giacometti, na sala de jantar está pendurado um Renoir, na sala de estar um Picasso, e o seguro só negociou uma apólice com eles sob as seguintes condições: sempre deve haver alguém na casa e o terreno precisa ser vigiado 24 horas por dia por uma empresa de segurança. O casal comprou a mansão para passar sua velhice confortavelmente na Riviera, mas marido e mulher nunca saem juntos da propriedade e ambos têm de se acostumar como o fato de que, quando estão sentados em sua gaiola dourada à noite, a cada meia hora mais ou menos um dos seguranças olha pela janela de vista panorâmica para se certificar de que tudo está em ordem.

Um dos ricos mais pobres que já conheci chama-se Marc Rich. Esse é seu nome de verdade. O estadunidense amealhou sua riqueza com comércio de matérias-primas, mas foi acusado de sonegação de impostos, fraude e negócios ilegais com o Iraque e a Líbia, acabando na lista de procurados do FBI. Ele fugiu para Zug, na Suíça. A partir desse momento ele não pôde mais deixar o país, porque se o fizesse se arriscaria a ser preso. Mister Rich, que estava acostumado a voar com seu jatinho para qualquer lugar que lhe aprouvesse, logo passou a sentir "claustrofobia suíça" aguda, que só cessou quando Bill Clinton o libertou, pois sua última atividade no cargo foi anistiar Rich. Até hoje não está claro se, como agradecimento, Clinton ganhou uma conta numerada na Suíça ou não. Mas essa é uma outra história. Marc Rich foi durante anos o exemplo perfeito do prisioneiro de uma cadeia dourada, um tipo de gente que é encontrado com freqüência em lugares como Zug, Monte Carlo ou Bermudas. As pessoas que vivem nesses lugares são geralmente sonegadoras de impostos em fuga, uma espécie que merece grande compaixão: elas poderiam morar em qualquer lugar do mundo, mas têm de se contentar com uma pequena ilha ou um lugarejo como Zug, apenas porque são perseguidas pelo medo de ter de transferir alguns de seus milhões à receita de seus países. Na maioria dos casos, isso não faria nenhuma diferença em seu estilo de vida, mas a fobia de ter de dar um pouco de seu dinheiro as obriga a mofar num lugar que não suportam e no qual estão terrivelmente sós.

Por falar em solidão: conheci em Munique, certa vez, um simpático jovem que tinha crescido com poucos recursos e logo cedo ganhara muito dinheiro, porque fora contratado para jogar profissionalmente num dos melhores times de futebol. O moço não via motivos para procurar novos amigos depois de ter avançado na escala de rendimentos. Mas, quando ele saía com seus antigos amigos, percebia que tudo tinha mudado. Evidentemente ele fazia questão de pagar a conta e, com o passar do tempo, os amigos foram se sentindo incomodados. Em algum momento, seu círculo de amigos foi sendo infiltrado por pessoas que não viam nada de mais em não dividir as despesas. O contato com os amigos antigos foi ficando cada vez mais esporádico, e ele também se livrou rápido dos aproveitadores; hoje o vemos quase sempre em companhia de pessoas que estão no mesmo nível salarial que o dele. Para ele, essa é a única possibilidade de ter certeza de que as pessoas não estão se aproveitando de sua situação. Seu círculo de amigos agora é bastante homogêneo. E muito tedioso.

Um aspecto especialmente desagradável de ser rico é o fato de que os ricos sempre fazem questão de não ser amados por seu dinheiro. Mas é totalmente impossível amar alguém por causa do dinheiro. Podemos amar alguém apesar de seu dinheiro, pois este geralmente torna as pessoas exigentes, melindrosas, complicadas e complexadas. Bibliotecas inteiras, milhares de peças de teatro e de filmes devem sua existência a essa problemática. Nada amedronta mais as pessoas ricas do que encontrar alguém que esteja interessado em casar-se por dinheiro. E, quanto maior o medo, maior a probabilidade de que aconteça exatamente isso. A princesa Caroline de Mônaco foi alertada, durante toda a juventude, a não se envolver com um *playboy* que só quisesse seu dinheiro — o resultado foi que ela caiu nas garras de Philip Junot, que personificava exatamente o tipo de gente sobre o qual seus pais a haviam alertado.

Infelizmente, a maioria das pessoas ricas é insuportável — exceto todos os milionários amigos meus. Pessoas ricas só são suportáveis se forem herdeiras, ou seja, se não tiverem culpa de sua riqueza. Não é raro que tentem então distribuir seu dinheiro o mais rápido possível, ou fazer de conta que não são tão ricas assim, o que pode parecer muito cansativo, e talvez seja mesmo.

Encontrei certa vez em Gstaad um grupo de jovens, filhos de pessoas excepcionalmente ricas. Gstaad é um pequeno vilarejo nas montanhas nos arredores de Berna, que reúne tal concentração de riqueza extrema durante a temporada que, em dias ensolarados, a soma do Produto Interno Bruto (PIB) dos aspirantes ao ingresso na União Européia passeia nas suas tranqüilas ruas principais.

Os moradores locais, o povo das montanhas de Berna, que, aliás, já são tidos como um tanto irritadiços, olham os milionários que ocuparam o vilarejo com uma mistura de desprezo e a admiração típica a uma pujante vaca leiteira. Os adolescentes, todos com nomes listados pelo Dow Jones, estavam visivelmente constrangidos em estar lá. Eles diziam ter ido para não desagradar aos pais. Todos eles faziam um simpaticíssimo esforço, por meio de seu visual e de seu comportamento, para parecer qualquer coisa, exceto ricos. As calças eram tão esfarrapadas quanto as dos jovens de guetos que se apresentam na MTV; eles ouviam Eminem e The Streets, e gabavam-se de levar uma "vida normal". Um dizia ter saído da casa dos pais na avenida Foch e agora morava numa república decadente num lugar afastado e pouco atraente de Paris, onde pegava o metrô todos os dias para ir à escola. O outro dizia que o pai o levava com rédea curta; como estava cheio de ser questionado por causa de seu sobrenome ("Você quer dizer Dell? O Dell dos computadores?"), assumiu o nome de solteira da mãe. Um deles era uma espécie de *socialite* da antiglobalização. Nas férias, viajava para as demonstrações contra as reuniões dos países do grupo G-8 ou conferências de economia mundial. Falou com orgulho de estar presente "naquela época em Davos", quando o Fórum de Economia Mundial foi bombardeado.

O caso de um jovem conhecido meu mostra que herdar também pode ser uma desvantagem. O pai, um executivo multimiliardário, sempre desejou que o filho seguisse seus passos, estudando Economia na faculdade em que ele se formou e, mais tarde, assumindo seus negócios. Como acontece tantas vezes em situações assim, as intenções do jovem eram muito diferentes. Seu sonho era se tornar artista. Embora o pai ameaçasse diminuir a mesada ou até cortá-la por completo, nunca parava de transferir o dinheiro. E exatamente isso é a grande catástrofe para meu jovem amigo, cujo nome não vou revelar por simpatia. Agora ele está metido num ateliê no norte de Londres, pinta seus quadros e nunca irá deslanchar, pois não sente a pressão dos artistas que trabalham nos ateliês ao lado e abaixo do dele e que às vezes não sabem como irão se arranjar para pagar o aluguel do mês seguinte. Provavelmente ele tem mais talento que os colegas, mas dificilmente irá se desenvolver nessas condições. Talvez seja isso que Jean Paul quis dizer quando escreveu que "embaixo das montanhas de ouro e dos tronos talvez esteja soterrado algum gigante espiritual oprimido".

Durante minha exposição de anos a indivíduos muito, muito ricos, pude observar um fenômeno interessante: pessoas ricas com bom gosto desde sempre tentaram simplificar a vida, e, quanto mais ricas são, mais acreditam que simular uma vida "normal" seja um luxo. Quanto maiores são os castelos sobre a propriedade onde moram, mais anseiam por um apartamento na cidade, que deve ter todas as comodidades, mas, de preferência, ser pequeno. E no conceito "luxo" entraria também não se sentar numa mesa posta e comer algo que foi preparado especialmente na cozinha, mas ir ao mercado (melhor: supermercado) e chegar em casa com uma sacolinha plástica quase estourando de tão cheia, cozinhar a própria comida e, depois, lavar a própria louça.

Aliás, o mesmo espírito anima o costume — observado por embasbacados e invejosos leitores de revistas de fofoca — dos ricaços de passar suas férias de verão num iate. A vida no iate não passa de um *camping* para ricos: as pessoas apreciam ficar encurraladas num lugar apertado, dormir a dois ou a três numa cabine minúscula, usar um banheiro onde é impossível se virar, muito menos tomar um banho de corpo inteiro, e no qual só se lava o absolutamente necessário, a fim de economizar a água do reservatório. As pessoas se alegram de poder passar o dia inteiro de camiseta; resumindo, sentir a "vida simples" na própria pele o tempo todo. Os leitores das revistas de fofoca vêem as fotos dos magnatas se refestelando no deque ao sol, e pensam todo tipo de coisa sobre a vida mundana. Em realidade, os embasbacantes estão apenas simulando a vida dos leitores das revistas de fofoca e, como ler ao sol pode ser cansativo, folheiam as mesmas revistas que os embasbacados.

A simulação da "vida simples" pelos ricos pode ser motivo de gozação ou ser xingada como "decadente". Mas, olhando mais atentamente, ela não se compara com a predileção do homem urbano em simular sua proximidade à natureza com caminhadas, *camping*, piqueniques e churrascos? O campista também não quer abrir mão totalmente do conforto da civilização nem o amante do churrasco, do molho pronto para bifes. Assim, como o caminhante não quer vivenciar a natureza próximo demais, precisa de calçados de primeira qualidade e de um casaco de tecido inteligente, que controla a temperatura, e, depois de superada a proximidade à natureza, quer em algum momento voltar a sua casinha. Falando honestamente, o prazer da "vida simples" limita-se — em todos nós — principalmente a gestos simbólicos.

Executivos muito bem pagos e milionários da mídia sedentários, que estão saturados de suas viagens para os chamados oásis do luxo no mar Vermelho ou nas ilhas Maurício, descobriram algo que lhes agrada: eles se empregam como pastores junto a um camponês dos Alpes. Várias agências de turismo suíças oferecem empregos de férias de verão na região das pastagens alpinas e quase não dão conta da demanda. Mas, muito antes de essa forma extremada de "férias na fazenda" se tornar popular, a imersão provisória na vida camponesa era um meio que as classes privilegiadas encontravam para se recuperar das torturas da civilização. Em *Ana Karênina* [1875-1877], de Tolstói, há um belo trecho que ilustra isso: certo dia, o grande proprietário de terras Liêvin inspeciona seus campos onde o feno está sendo colhido e decide ele próprio pegar na foice. O trabalho lhe agrada tanto que ele quer ficar ceifando vários dias com os trabalhadores. Isso dá origem ao seguinte diálogo entre ele e o irmão Sérgio Ivánovitch:

"Gosto muito desse trabalho", comentou Sérgio Ivánovitch.

"A mim, encanta-me. Já algumas vezes tenho ceifado com os camponeses e amanhã quero ceifar o dia todo."

Sérgio Ivánovitch ergueu a cabeça, fitando Liêvin com curiosidade.

"Quê? Com os camponeses? Como se fosses um deles? Todo o dia?"

"Sim, é muito agradável", respondeu Liêvin.

"Como exercício físico é excelente, mas não sei se agüentarás", disse Sérgio Ivánovitch sem nenhuma ironia.

"Já o demonstrei. Ao princípio custa, mas depois uma pessoa habitua-se. Parece-me que irei até o fim."

"Deveras? E os camponeses, como encaram eles isso? Naturalmente fazem troça das excentricidades do patrão."

"Não. Não me parece. É um trabalho ao mesmo tempo tão divertido e tão difícil, que não dá tempo para pensar."

"Mas vais comer com eles? Mandar-te ao campo Château-Lafite e pavão assado era um pouco forte."

"Virei à casa quando eles descansam."

A propósito, Liêvin não foi para casa para comer seu pavão frito, pois "a *tiurka** estava tão boa que Liêvin desistiu de ir para casa comer".

Maria Antonieta da França foi tão longe que ordenou a construção de um vilarejozinho no parque de Versalhes, onde ela, vestida como uma camponesa, chapéu de palha na cabeça, bebia leite fresco de suas vacas, assava pães e fazia manteiga e queijo. Mesmo no dia da queda da Bastilha ela passeava divertida com baldes de leite de Sèvres e com xícaras no formato dos próprios seios, que batizou de *sein de la reine* [seios da rainha]. Tais extravagâncias atestam que a nostalgia pela "vida simples" corresponde ao total-

---

* *Tiurka*: comida típica com pão e cebola misturados a bebida ligeiramente fermentada. O trecho e a nota em questão são da tradução de João Gaspar Simões para o livro de Leão Tolstoi, *Ana Karênina* (São Paulo: Abril Cultural, 1971, coleção Os imortais da literatura universal). (N. T.)

mente compreensível, mas em geral um pouco desesperado, desejo de fugir da maldição da riqueza, nem que seja por pouco tempo.

A experiência contrária, de sair por um tempo da própria pobreza e mergulhar numa vida de excessos, pode ser muito atraente. A condição é saber lidar com os contrastes e não nutrir as esperanças de um jogador de loteria, que anseia por uma vida que nunca terá e que, se tivesse, só o tornaria mais infeliz.

Uma das experiências mais extremas de contrastes da qual participei foi uma visita ao sultão do Brunei. Afinal, quando têm suficiente bom gosto, os ricos sentem necessidade de estar entre pessoas "normais". Conta-se que a rainha da Inglaterra disse certa vez que tinha apenas os chamados "novos pobres" entre seus amigos mais íntimos. Pois a chance da maioria dos ricos de sair da bolha de sabão na qual vivem é muito rara. Muitas vezes eles se utilizam das poucas janelas que dispõem para tal — a época escolar, por exemplo, ou o período do serviço militar — para fazer amizades e, dessa maneira, criar relações com a vida real.

Durante o tempo em que estudou na Escola Superior Militar em Sandhurst, na Inglaterra, o sultão do Brunei tornou-se amigo do filho de um fazendeiro inglês. Quando esse último se casou há alguns anos, o sultão aproveitou a oportunidade de deixar para trás, por algum tempo, a vida do isolado protocolo da corte oriental e viajou para a festa de casamento na Inglaterra. Lá, em meio ao pampa inglês, minha mulher e eu conhecemos talvez o homem mais rico do mundo, que, em certo momento da noite, usando uma fórmula habitual de cordialidade, prometeu nos levar a Brunei.

Cerca de seis meses depois, quando o telefone tocou
logo cedo e do outro lado da linha alguém murmurava algo com um forte sotaque estrangeiro, eu tinha certeza de que só poderia ser o dono da lanchonete de churrasquinho turco lá da esquina, gentilmente perguntando se sua filha poderia passear novamente com nosso cachorro. Demorou um tempo até eu entender que alguém — que falava apenas o malaio fluentemente — tentava nos explicar que éramos convidados para o 57º aniversário do sultão do Brunei.

É claro que aceitamos o convite. Complicado era saber como iríamos viajar até lá. Consegui explicar muito veladamente ao secretário particular que adoraríamos estar presentes, mas uma viagem ao redor do globo estava fora de nosso orçamento. Por fim, fomos com a companhia aérea da casa, Royal Brunei Airways.

A maneira como fomos convidados foi muito divertida. Um rei não faz os convites pessoalmente, claro, mas delega a função ao chefe de sua corte. E uma majestade não envia convites pelo correio; entrega-os. Dessa forma, o conselheiro da embaixada do sultanato de Brunei foi designado para nos levar o convite pessoalmente. Naquela época, morávamos em Berlim, no bairro de Kreuzberg, num prédio novo não especialmente elegante ao lado da já citada lanchonete de churrasquinhos turcos. Sobre a entrada, antes das caixas de correio, o arquiteto tinha colocado uma pequena marquise. Como ele era da cidade de Böblingen, durante o projeto evidentemente não imaginou que uma marquise assim em Kreuzberg rapidamente se tornaria um apreciado ponto de encontro de sem-teto. Ela oferecia proteção contra o vento e o mau tempo, e sombra na hora do sol. Como a limpeza não está entre as virtudes essenciais dos sem-teto de Kreuzberg, nossa entrada era uma baía de lixo, cheia de garrafas de cerveja quebradas, uma quantidade indescritível de bitucas de cigarro e detritos em geral e, para completar, uma discreta nota de urina.

Quando seu motorista passou na frente de nosso apartamento alugado, o conselheiro da embaixada de Brunei deve ter achado que tinha chegado a Calcutá, e os sem-teto também ficaram boquiabertos quando o viram descer da Mercedes com um estandarte, desviar do lixo com passinhos pequenos e, cheio de mesuras, jogar o convite em nossa caixa de correio. Ele era feito de um maço de cartões de papel artesanal, tão rígido que mal dava para dobrar. E a impressão, bem, acho que era feita de ouro. De qualquer maneira, não se tratava de uma ordinária gravura de metal. Guardei o cartão, já que apenas o valor do material empregado parecia ser alto o suficiente para alimentar alguém durante um inverno de vacas magras.

Poucas semanas depois, Irina e eu entramos no avião da Royal Brunei Airways, que uma vez por semana percorre a rota Frankfurt–Dubai–Brunei Daressalam ("Brunei, o lugar da paz"). Assim que pisamos no avião, nossa vida de recorrentes desconfortos financeiros parecia estar muito longe. Viajamos de primeira classe, coisa que em linhas aéreas orientais significa um tratamento e uns mimos de que eu gostei de experimentar; fiquei acordado para não perder nem um segundo desse acontecimento. Enquanto isso, Irina dormia tranqüilamente, como se estivéssemos andando num ônibus intermunicipal. A cada segundo o comandante saía de sua cabine para perguntar como estávamos nos sentindo. Obrigado pela consideração, nós estávamos ótimos! Por mim, o vôo não terminaria nunca, mas em algum momento acabamos aterrissando e saímos da bolha climatizada do avião para pisar num Brunei quente e abafado já de manhã cedo.

No aeroporto, fomos recebidos por uma delegação de doze pessoas da corte, liderada pela irmã do sultão, que fazia as vezes de chefe do protocolo. No meio dessa gente, um conselheiro da representação diplomática da Alemanha no sultanato, que não fazia a mínima idéia a quem estava esperando. Nem a maior boa vontade do mundo do funcionário público alemão mais cdf pode considerar a estada de um conde alemão e sua esposa como uma "visita oficial". Ele teria feito esse esforço para um vereador qualquer, mas para um indivíduo comum, sobre o qual não conseguiu nenhuma informação ao acionar o Ministério das Relações Exteriores em Berlim, tudo isso lhe parecia um tanto exagerado.

Numa carreata de Rolls-Royce fomos para uma das casas de hóspedes do sultão, climatizada com a temperatura interna de uma câmara frigorífica. Um séqüito de criados sorridentes desfez nossas malas, enquanto eu fui dar uma olhada na casa e minha mulher tomou banho. Fizemos duas descobertas interessantes. Ela: descobriu que nem o homem mais rico do mundo dispõe de água quente o tempo todo; seu banho foi morno. Eu: descobri finalmente para onde vão os quadros de Monet e Cézanne quando os grandes leilões de impressionistas dizem que os novos proprietários são compradores desconhecidos.

Depois das festividades oficiais em homenagem ao aniversário do sultão, paradas militares, distribuição de condecorações, banquete de Estado, fomos convidados a uma audiência e acabamos entrando num palácio que parecia ter sido construído exclusivamente de mármore e ouro. Não havia flores nos vasos que se viam em todos os lugares, mas varetas com pedras preciosas que imitavam flores, uma idéia de decoração realmente prática, mas muito cara. Como presente para o sultão, havíamos levado uma pequena caixinha de porcelana no estilo *art nouveau* da elegante marca KPM, visto que, dos materiais que o sultão apreciava, a porcelana era o único a nosso alcance.

Por sorte o sultão vem de uma cultura na qual é o anfitrião quem principalmente presenteia. A cada manhã de nossa estada, encontrávamos um pequeno presente na porta do quarto. A cada dia um relógio para Irina, um relógio para mim. Infelizmente ficamos apenas dois dias por lá. Quando o banco voltar a me enviar as contas do débito automático com o carimbo "pagamento não efetuado", estarei tentado a vender um dos relógios. Considero um luxo não poder pagar uma conta às vezes, mas ostentar no pulso um modelo especial de uma relojoaria suíça, mais valioso que um carro popular.

Não foi nada fácil, depois da excursão a esse mundo tão exclusivo, voltar ao pequeno apartamento em Kreuzberg, onde eu era aguardado por uma pilha de avisos de contas vencidas e um torpedo com a notícia de que meu celular estava bloqueado para efetuar ligações. Entretanto, essa experiência me ensinou de uma vez por todas que não tem sentido comparar minha vida com o estilo de vida dos outros. Quem faz isso nunca será rico — independentemente de quanto dinheiro tiver —, pois sempre haverá alguém mais rico, alguém que viverá de maneira mais ostentatória. E essa escala de riqueza é quase infinita. Dessa forma, precisamos nos sentir ricos graças às coisas que possuímos, senão nos sentiremos pobres por causa de tudo o que não possuímos.

Certa vez fiz uma entrevista, para a revista *Esquire*, com Adnan Kashoggi, que nos anos 1980 era considerado com freqüência "o homem mais rico do mundo". Ele estava no aeroporto de Heathrow, preso em seu avião particular, um jato da Boeing, porque um caminhão havia danificado a asa traseira da aeronave, e permitiu que eu o questionasse enquanto esperava pelo avião reserva. Vimos pela janela que um outro jato particular estava sendo conduzido a sua vaga. De repente, perdi a atenção de Kashoggi. Ele não parava de olhar para aquele avião, o novo Gulfstream V, de *sir* James Goldsmith. Ele era todo branco, decorado com uma larga faixa num verde profundo, que se estendia do bico à cauda. Na cauda, nada de iniciais ordinárias, mas a figura de um escorpião. A descontração de Kashoggi tinha sumido. Ele começou a falar das vantagens do Boeing, embora estivesse muito claro que queria porque queria ter um avião igual ao de Goldsmith.

A pressão em "acompanhar" é um dos métodos que possibilitam nosso sentimento de insatisfação e infelicidade. E isso não depende da faixa de rendimentos em questão. Nossa felicidade é amparada quando nos conformarmos que há diferenças que só nos deixam infelizes quando ansiamos por coisas fora de nosso alcance.

Os ricos talvez tenham apenas uma possibilidade de levar uma vida relativamente descontraída. O apóstolo Paulo resumiu esse conceito de vida há cerca de 2 mil anos com a seguinte frase: "Os que compram, como se nada possuíssem". Quem vive dessa maneira tem uma série de vantagens: a primeira delas é a do bom gosto. Rosamunde Picher é um bom exemplo. Ela é de uma família inglesa bem situada e morava com o marido numa ampla casa de campo na Escócia. No momento em que seus livros se tornaram sucesso, quando já era uma senhora de idade avançada, ela não viu necessidade nenhuma em ter uma vida ostentatória, e, quando seus direitos autorais ultrapassaram a marca do milhão, ela fez o contrário do que a maioria de nós faria: mudou-se com o marido de sua casa de campo para um pequeno sítio.

A segunda vantagem da máxima de Paulo é prática: quem compra como se nada possuísse não precisa alterar seu estilo de vida caso venha a perder sua riqueza algum dia. Quanto mais caros são os hábitos, quanto mais caprichosos são os desejos, mais dolorosa é a queda no nada. Se comparado à sua mulher Jenny von Westphalen, Karl Marx não fez bonito como exilado em Londres. Ele estava acostumado a ter vários empregados e reclamava por sua mulher ter de cozinhar. Esta, por sua vez, de natureza muito mais modesta que o marido, desenvolveu uma paixão pela cozinha — em vez de ficar se lamentando como ele. Ela possuía o que faltava ao marido: uma idéia mais realista a respeito do *status quo*, uma capacidade não sentimental e muito maleável de se conformar com as coisas.

E o que acontece com aquele que excede à máxima de Paulo e acaba abrindo mão das posses que o sobrecarregam? Devemos admirar quem sabe lidar com a perda, ou os verdadeiros corifeus na arte do empobrecimento elegante são aqueles que abrem mão de sua riqueza? Na minha opinião, a renúncia voluntária ao poder, ao dinheiro e ao *status* pode parecer mais nobre à primeira vista, mas sempre parece um tanto artificial.

Quando procuramos na literatura e na história personagens que se tornaram famosas pelo desprezo às coisas materiais, o que nos mais chama a atenção é que se trata geralmente de filhos de casas prósperas. Seja o aristocrático herdeiro romano Aleixo, que vivia anonimamente de restos de comida debaixo da escada da casa dos pais, seja Francisco de Assis, filho de um vendedor de tecidos, cuja companheira, a sagrada Clara, se afastou da própria nobre casa, seja Sidarta, o filho de um sacerdote indiano — é espantosamente freqüente que religiosos e parcimoniosos provenham de famílias mais elegantes e prósperas que a média.

Um exemplo particularmente carismático é o filósofo Ludwig Wittgenstein. Na sua peça *Wittgensteins Neffe* [O sobrinho de Wittgenstein], Thomas Berhard faz a personagem-título xingar seu tio famoso: "É uma perversidade o multimilionário ser professor da aldeia, você não acha?".

Ludwig Wittgenstein vinha de uma das três famílias mais ricas da Áustria. Sua notoriedade e seu carisma eram alimentados pela fama de ser um dândi da renúncia. Ele celebrava a própria economia com meditação religiosa. Depois de atuar na Primeira Guerra Mundial como soldado, ele abriu mão de qualquer bem da família em favor dos irmãos. Antes de ensinar filosofia na universidade, Wittgenstein foi professor em uma aldeia perdida em algum lugar das montanhas e só depois se tornou o pensador mais importante de seu tempo, reverenciado por seus alunos como um semideus. Na época em que os outros professores de Cambridge ainda andavam orgulhosos pelas ruas de beca, Wittgenstein usava roupas informais e uma jaqueta de *tweed* abotoada. Toda uma geração de estudantes de Filosofia copiou até os menores hábitos de vida do grande mestre. Preferiam camas estreitas, carregavam verduras em pequenas redes "para que pudessem respirar", comiam apenas vegetais, em especial aipo no vapor, e bebiam água quente. Quando Wittgenstein queria se recuperar do papel de dândi da renúncia, retirava-se para a propriedade de sua família na Áustria.

Abandonar hábitos aristocráticos é difícil, independentemente de quanto nos esforcemos. Quando falamos com quem conheceu Wittgenstein pessoalmente, descobrimos que sua modéstia era algo bastante superficial. Ao lado de um intelecto afiadíssimo, ele devia apresentar também uma grande arrogância. Apesar da sua festejada frugalidade, seu comportamento permaneceu o de alguém da alta classe vienense.

O caso de Burroughs também é exemplar. William S. Burroughs — que conheci por intermédio de meu amigo Carl Laszlo, o colecionador de arte — foi quem abriu espiritualmente o caminho para o movimento *hippie*, com Allen Ginsberg e Jack Kerouac. Ele celebrava sua crítica à civilização por meio de uma vida conscientemente antiburguesa, mas mesmo assim Burroughs continuava sempre sendo o filho de ricaços do sul dos Estados Unidos, que gostava de usar ternos cinza como um contador. Seu avô inventou a máquina de calcular e foi o fundador da poderosa Burroughs Corporation. Em Nova York, o neto Bill vivia junto à bandidagem e à prostituição, roubava bêbados no metrô para financiar seu vício em heroína, morou num bordel masculino no Tânger, e seus romances retratavam a vida na escala mais baixa da sociedade.

Quando queriam irritar Burroughs, Ginsberg e Allen, que não tinham família rica, falavam dos fundos de investimento que os pais dele certamente haviam programado para o filho. Parece que esses fundos não existiram; durante alguns momentos de sua viagem pela América do Sul, Burroughs ficou tão sem dinheiro que foi obrigado a vender sua máquina de escrever portátil. Mas recebeu mensalmente um cheque de seu pai, durante décadas. Ele lançou seus primeiros textos, entre eles o romance *Junkie* [Rowohlt,

1999], sob pseudônimo, pois temia que os pais pudessem lhe cortar a mesada. Apesar de toda exaltação da existência de ladrão de miudezas, da promiscuidade e do vício, Burroughs nunca foi obrigado a viver na sarjeta e sempre considerou a situação como um prazer sensual e intelectual. Sua qualidade como escritor não sofria com essa mistura entre a alta burguesia e a podridão. Ao contrário, era ela quem determinava o fascínio de seus livros.

Ernesto "Che" Guevara também entra na categoria dos dândis da simplicidade. Sua figura passou a ser cultuada por uma geração, ele tornou-se mártir e vingador dos desvalidos, mas nunca conseguiu se livrar totalmente de sua origem elegante. "Che" tentava aplacá-la desdenhando ostensivamente o dinheiro e o *status*. Depois da queda de Batista, em 1959, Guevara tornou-se, a mando de Fidel Castro, presidente do Banco Nacional de Cuba e ministro da Indústria; seu apelido, "Che", era uma expressão de gíria e queria dizer "companheiro". Che Guevara recebia visitas com a camisa desabotoada até o umbigo e seus pés, calçados com meias furadas, ficavam sobre a mesa. Ele estava fascinado pela idéia de abolir o dinheiro em Cuba e sonhava com uma moral orientada ao bem da comunidade como motor da economia e da sociedade. Paralelamente, atuava como pastor de ovelhas; Che assinou mais de duzentas sentenças de morte, encarregando-se ele próprio de algumas.

Quando sua missão em Cuba terminou, Guevara foi ao Congo a fim de avançar lá com a revolução mundial. Não deu certo, pois os congoleses se sentiram ameaçados pelo revolucionário fidalgo. Por fim, ele chegou à Bolívia, onde tentou iniciar um golpe, apoiado por um pequeno grupo de aliados. Mesmo os mais pobres muitas vezes eram proprietários de um pequeno pedaço de terra e insensíveis aos ensinamentos de Guevara sobre o levante dos sem-terra. Por sua vez, o revolucionário não tinha nenhuma consideração a essa atitude — as necessidades de camponeses bolivianos pobres lhe pareciam insignificantes se comparadas aos objetivos da revolução mundial; dessa maneira, ele permanecia fiel à soberba de sua classe. Quando as tropas preparadas pela CIA o prenderam em 1967 na floresta, ele carregava dois relógios Rolex e 15 mil dólares.

Depois de sua execução sigilosa e traiçoeira, Che Guevara tornou-se a figura do Cristo alternativo e — como se a indústria da moda se vingasse da revolução puritana — sua imagem tornou-se um acessório da moda. Hoje, há cerveja Che e charutos Che, talvez a maior punição possível para o revolucionário fidalgo. Nada afetou o mito Che Guevara: nem o fato de exercer o papel de carrasco com paixão, nem o de ficar furioso com Kruschev por causa de este recuar na crise cubana em vez de atirar uma bomba nuclear nos Estados Unidos, como lhe fora pedido. Che havia construído para si a imagem de um asceta altruísta e vingador dos pobres. Na verdade, em Cuba, no Congo ou na Bolívia, os pobres fugiam o mais rápido possível quando ouviam o nome do companheiro Guevara, filho da burguesia e estudante de Medicina.

A personagem da história mundial mais famosa, que se tornou mito por sua simplicidade e recusou voluntariamente qualquer tipo de riqueza ou propriedade, é de longe Francisco de Assis, que é venerado com um dos grandes santos e fundador de uma ordem religiosa. Depois de sua conversão, Francisco, filho de um rico fabricante de tecidos, declarava que o dinheiro tinha simplesmente o valor de "merda". Ele insistia continuamente nisso com seus confrades. Certa vez, um homem entrou em sua igreja e depositou um pouco de dinheiro sob a cruz. Um dos frades pegou o donativo para jogá-lo desatentamente num nicho da janela, mas Francisco repreendeu e castigou o honrado frade na frente de todos os outros, porque tinha ousado tocar em dinheiro. O frade teve de recolhê-lo com um saco e levá-lo ao esterco dos porcos, "onde era seu lugar".

Um dos primeiros levantes bem-sucedidos da burguesia contra a nobreza aconteceu durante a mocidade de Francisco. Em 1198, os cidadãos de Assis conquistaram o castelo (cujas ruínas ainda podem ser vistas) e rapidamente construíram um muro ao redor da cidade. Francisco, que segundo sua origem deveria estar ao lado dos nobres fiéis ao imperador, sentiu-se ligado aos rebeldes, para desgosto dos pais. Finalmente, na batalha sangrenta de Collestrada de 1203, os nobres fugidos para a vizinha Perúgia conseguiram reconquistar Assis. Francisco entrou na luta ao lado dos rebeldes e, assim como centenas de outros jovens de Assis, foi preso e encarcerado no calabouço. Depois disso, ele se afastou definitivamente de sua classe e fundou uma comunidade asceta de frades mendicantes.

Seu biógrafo, Gilbert K. Chesterton, acha que devemos imaginar Francisco como um tipo de "lunático adorável" (*loveable lunatic*), como alguém que seguia a nobreza cavalheiresca até o extremo — até a loucura, quando pregava aos passarinhos e pedia desculpas a uma cadeira antes de sentar-se nela. Francisco via em tudo e em todos a imagem multiplicada de Deus e, assim, achava coerente venerar a criação.

Se um Francisco desses vivesse hoje, seus pais provavelmente o teriam há tempos colocado sob a competente supervisão de uma instituição psiquiátrica; eufemisticamente falando, o radicalismo de Francisco geraria um escândalo. Mas é exatamente o radicalismo de Francisco que o torna fascinante. E a base espiritual de seu pensamento, o respeito à criação como algo sagrado, tem relevância num mundo em que as pessoas querem retomar sua relação perdida com o cosmo por meio de um esoterismo difuso, em que a oferta de carne barata de criadouros industriais é considerada um dos direitos humanos fundamentais. Mas, mesmo que seja deselegante avaliar o comportamento de alguém com oitocentos anos de atraso, o rigor de São Francisco parece — se comparado, por exemplo, ao de São Benedito, que estava convencido de que o supérfluo era tão impeditivo à vida espiritual quanto a ascese — quase não-católico. De qualquer maneira, a medida saudável, o equilíbrio, não parece ter sido uma de suas virtudes principais.

Talvez a vida de milionário só seja possível a quem não tenha posses. Somente quem não tem dinheiro pode apreciar algo como o luxo — para um rico, isso é apenas uma carga. Quando alguém que não pode comer no restaurante mais caro da cidade recebe um convite para o lugar, pode apreciar o fato integralmente. Uma pessoa rica não tem a mínima condição para isso; ela no máximo perceberá, irritada, que os galetos de Haeberlin ou do Tour d'Argent são melhores.

Os ricos são os pobres de verdade. É que o dinheiro é uma droga que mantém a pessoa longe da vida e possibilita, por exemplo, que ela se esconda atrás de uma fachada, representada por viagens ou ternos sob medida. Quem tem dinheiro demais pode fugir de sua vida ao tomar um avião para St. Tropez ou Nova York e passar a noite no hotel mais caro da cidade, mas continuará tão infeliz por lá quanto em qualquer outro lugar. A felicidade verdadeira não existe sem uma saudável porção de humildade, e, muitas vezes, os muito ricos têm dificuldade em exercitá-la. A maioria deles não tem capacidade de assumir os próprios erros nem de valorizar os outros, e isso sem levar em conta seu *status* social — uma séria desvantagem.

Mais pobres que os ricos são provavelmente apenas os pobres que querem ser ricos. Por causa disso, o único apostador de loteria que tem minha admiração incondicional é um homem do estado de Nordrhein-Westfalen. Ele apostou na loto durante toda a vida, sem nunca imaginar ganhar um valor substancial. Certo dia, porém, ele levou 9,1 milhões de euros. Totalmente chocado, ficou com 10 mil euros e doou o resto, porque não queria que sua vida saísse dos trilhos. Tiro-lhe o chapéu!

"Quando queremos viver na riqueza,
o dinheiro é a ruína."
MALCOLM FORBES

O que nunca falta

O que nos enriquece

O lugar em que o príncipe Charles mais gosta de se sentar é em meio a urtigas. Uma das controvérsias a seu respeito foi bastante esclarecedora: uma jovem, contratada como secretária no palácio St. James, quis saber do mordomo se havia possibilidade de ascensão para as secretárias do palácio. A questão acabou chegando à escrivaninha do príncipe herdeiro, que em seguida redigiu à mão uma indignada nota. Essa carta acabou sendo divulgada à opinião pública, gerando um debate de uma semana sobre um tema picante: é melhor nos conformarmos com nosso *status* na sociedade ou devemos ansiar por mais? A anotação de Charles dizia: "O que está acontecendo com as pessoas? Por que todas se sentem chamadas a fazer coisas que ultrapassam seu conhecimento? Hoje em dia, todos parecem estar convencidos de que podem ser cantores, atores de televisão ou coisas assim. A culpa provavelmente é do sistema educacional, que mima nossas crianças".

É compreensível que a divulgação desse memorando interno tenha ocasionado uma onda de indignação na Grã-Bretanha. O ministro da Educação manifestou-se, dizendo que o príncipe de Gales fosse talvez um pouco antiquado para entender o mundo moderno. "Nem todos nascem para ser reis", disse ele numa entrevista no rádio, "mas todos têm o direito de lutar pelo melhor para si e sua família." O palácio de St. James tentou se livrar da saia justa. O porta-voz real assegurou que o príncipe Charles nem de longe queria tirar das pessoas o direito de sonhar, mas simplesmente desejava reforçar a individualidade; as escolas deveriam dar a todos a chance de ser incentivados de acordo com os talentos individuais, e assim por diante. Mas o leite já tinha sido derramado. Numa coletiva de imprensa, quando Tony Blair foi questionado sobre o assunto, disse apenas: "Não tenho nada a dizer a respeito".

O sucessor ao trono não fez muitos amigos com sua anotação, mas poucos se lembraram de que, de qualquer maneira, ele abordou um tema que toca no ponto central de nosso sistema social: vivemos numa época de expectativas infinitas. O socialismo deve se tornar suportável por meio da ilusão de que todas as pessoas são iguais e não há mais privilégios herdáveis; o capitalismo nos embala com a fábula do lavador de pratos que se tornou milionário ou *superstar*. Todos os lugares nos prometem felicidade; ela é factível, assim como o sucesso. Não há mais o "em cima" e o "embaixo"; segundo a lenda, se tiver dinheiro suficiente, todo aquele que está "embaixo" pode chegar "em cima". Uma crença dessas traz vantagens indiscutíveis, mas também uma desvantagem muito grave: quem não chega à riqueza fica carimbado como perdedor e fracassado.

Um dos primeiros que reconheceu esse dilema foi o sábio francês Alexis de Tocqueville, que nos anos 1830 viajou pelos Estados Unidos, o "país das possibilidades ilimitadas", e escreveu o livro *A democracia na América* (1835-1840), no qual analisou as fraquezas do novo e democrático sistema social igualitário e, entre outros, observou um problema que hoje é mais atual do que nunca: "Quando todas as prerrogativas de nascimento e de fortuna são destruídas, quando todas as profissões são abertas a todos [...] uma carreira imensa e fácil parece abrir-se diante da ambição dos homens e eles não hesitam em se imaginar chamados a grandes desígnios. Mas é esta uma idéia errônea, que a experiência corrige todos os dias [...]. Quando a desigualdade é a lei comum de uma sociedade, as desigualdades mais fortes de modo nenhum atraem os olhares; quando tudo é mais ou menos nivelado, as menores as ferem [...]. É a essas causas que há de atribuir a melancolia singular que os habitantes dos territórios democráticos mostram muitas vezes no meio de sua abundância [...]. Não encontrei, nos Estados Unidos, cidadão tão pobre que não lançasse um olhar de esperança e de desejo para os prazeres dos ricos".*

Tocqueville não era um reacionário, mas um grande liberal, e não desejaria retornar à época medieval da desigualdade estagnada. Mesmo assim ele reconheceu o problema que assola as pessoas na época do igualitarismo: ficam nos sugerindo, incessantemente, que podemos chegar bem no topo da escada do sucesso: "Embora essa crença

* Aléxis de Tocqueville. *A democracia na América*. Trad. Neil Ribeiro da Silva. Belo Horizonte:Itatiaia/São Paulo:Edusp, 1987. (N.T.)

 das possibilidades ilimitadas possa desencadear uma satisfação evidente no começo e principalmente entre os jovens e, e embora isso possibilite ao mais talentoso e ao felizardo alcançar seus objetivos, a maior parte dos outros se desencanta e a amargura sufoca suas almas".*

Desde que todas as barreiras sociais se tornaram permeáveis, a insatisfação com o próprio *status* está muito difundida. Quanto mais nos dizem que a riqueza é um objetivo realista, mais cresce nossa frustração quando não chegamos lá. Ao mesmo tempo, a riqueza é fácil de ser conquistada quando definida de modo individual. Se, em minha opinião, ser "rico" é ter uma Ferrari e uma casa na Costa Smeralda, as chances são grandes de eu permanecer um pobre coitado por toda a vida. Mas se eu chamo de riqueza abrir mão de uma considerável conta-corrente em favor de muito tempo livre e usá-lo não só em meu favor, mas, por exemplo, para fazer um trabalho voluntário, posso ser rico de pedra. Em outras palavras: sou rico quando associo minha auto-estima a coisas nas quais tenho influência; muito provavelmente permanecerei pobre se minha felicidade depender de coisas difíceis de conseguir. Passei metade da vida à sombra de pessoas muito mais ricas e estive infeliz por todo o tempo em que achei que precisava ter o mesmo tanto de dinheiro que elas. Senti a libertação no momento em que assumi a idéia de que minha vida é boa da maneira como é e que a vida dos outros não é a minha. Riqueza é uma questão de ambição e, quando nos conscientizamos de que a maioria de nossas supostas necessidades são criadas artificialmente e, em muitos casos, até atrapalham

* *A democracia na América*, cit. (N. T.)

nossas reais necessidades, percebemos que a riqueza se torna subitamente possível — apenas um pouco diferente do credo da economia que move a publicidade.

Quando os primeiros europeus que pisaram em solo americano tentaram fazer negócios com os nativos, a coisa foi um pouco complicada. Os europeus não tinham nada a oferecer que fosse de interesse dos índios, mas tinham uma necessidade insaciável de peles de ursos. Para chegar aos troféus caçados pelos índios, eles primeiro tinham de despertar neles a cobiça, para em seguida saciá-la com objetos como pedrinhas de vidro e álcool. No final do século XVII, o colonizador inglês John Banister relatou que os índios tinham sido incentivados "com grande sucesso" a "ambicionar coisas para as quais antes não davam valor, pois nunca as possuíram, mas agora, em conseqüência do comércio, tornaram-se imprescindíveis".

Só somos curados da cobiça de coisas pelas quais não sentíamos qualquer necessidade antes de ser convencidos disso quando nos conscientizamos da maneira atrevida pela qual a criação de necessidades funciona. Os índios ouviram durante tanto tempo que as pedrinhas de vidro, o álcool e o tabaco tinham valor que realmente passaram a acreditar nisso. Hoje, as necessidades são criadas principalmente pela mídia. Em 1896, Alfred Harmswoth fundou o jornal popular britânico *Daily Mail* e declarou com espantoso descaramento que o leitor ideal de seu diário era o homem simples. Alain de Botton, que analisou a fabricação de necessidades em seu livro *Desejo de status* [ed. brasileira: Rio de Janeiro: Rocco, 2005], declara que mais ou menos na mesma época surgiram revistas como *Cosmopolitan* [no Brasil corresponde à *Nova*] e *Vogue*, cujo objetivo era essencialmente enaltecer a vida da classe alta para os membros da classe média. A primeira edição da *Vogue* estadunidense foi lançada em 1892, e, com base em sua leitura, podemos descobrir quem participou da comemoração no iate "Nourmahal", de Jacob Astor, qual a moda usada nos exclusivíssimos internatos para meninas, quem dava as melhores festas em Newport e Southampton e o que havia para comer com o caviar (batata e creme azedo): "Tais instantâneos na vida da classe alta", diz Botton, "levam ao público a ilusão de que também faz parte disso — um efeito que foi maciçamente reforçado pelo desenvolvimento do rádio, do cinema e da televisão".

A criação de necessidades pela mídia foi escoltada pelo surgimento da literatura "você também pode chegar lá". O criador do gênero não foi ninguém menos do que Benjamin Franklin. Em sua autobiografia, ele mostra sua trajetória: de filho de um pobre fabricante de velas a um dos políticos mais notáveis dos Estados Unidos. A tese central enganosa de seu livro é a de que qualquer um pode seguir uma carreira dessas — os únicos pré-requisitos seriam a disciplina e a dedicação. O sucesso desses tipos de livro permanece inalterado até hoje. Manuais como "Acorde o gigante dentro de você", "Pense e torne-se rico", "Finalmente o sucesso", "A mágica do sucesso", "O céu é o limite" são garantia de sucesso — para os autores, que ganham muito dinheiro com as vendas.

Felizmente surgiu uma tendência contrária. Um dos manuais de auto-ajuda de maior êxito dos últimos anos foi escrito por um tal John F. Demartini, e ele afirma exatamente o contrário dos pregadores do sucesso. O título de seu *best-seller* é *Count your blessings* [Conte suas bênçãos] (Hay House, 2006). Em alemão, o livro recebeu o nome um tanto antiquado de "Aproveite o que lhe foi reservado". Uma opção melhor seria "O princípio de Robinson Crusoé", pois Demartini recomenda não correr atrás de sonhos longínquos, mas aprender a valorizar o que se tem. E ninguém melhor colocou em prática esse segredo de felicidade do que o herói do romance de Daniel Defoe.

Quando Robinson Crusoé naufragou em sua ilha, um truque salvou-lhe a vida: ele pegou lápis e papel que havia resgatado do navio a pique e fez duas listas. Em uma, escreveu o que era ruim em sua situação e, na outra, o que lhe fazia feliz. Ruim: estou sozinho na ilha, sem esperança de ser salvo. Bom: ainda estou vivo e não me afoguei como todos os meus companheiros. Ruim: não tenho roupas para me cobrir. Bom: vivo num lugar quente, onde mal poderia usar roupas, mesmo se as tivesse. E assim por diante. Em seguida, decidiu riscar as coisas negativas e aquelas que não podia mudar de sua mente e se concentrar nas positivas, chegando à espantosa conclusão: "A partir desse momento comecei a descobrir que era possível me sentir mais feliz na minha solitária situação do que supostamente seria em qualquer outra condição na Terra".

Claro que podemos chamar o que Crusoé fez de auto-engano, pois as coisas sob a coluna "ruim" não eram nada fáceis de alcançar. Mas por causa desse auto-engano ele impediu a falta de coragem que o teria impossibilitado de se virar na ilha e finalmente ser salvo.

O que torna o "princípio de Robinson Crusoé" tão atraente não é um "pensamento positivo" banal, mas a capacidade de aceitar a vida com suas imperfeições e, em vez de valorizar o papel de vítima, manter a pessoa ativa. O falso e o que ocasiona infelicidade na bibliografia "todos podem ter sucesso" é apresentar ao leitor um clichê de felicidade e criar expectativas que inevitavelmente serão frustradas. A vida não está livre de problemas. Dessa maneira, quando queremos nos tornar felizes, a única opção que temos é perceber a realidade como ela se apresenta, e não correr atrás de desejos irreais. Quem aceita as imperfeições da existência tem muito mais chance de levar uma vida feliz do que aquele que está atrás da eterna saúde, de uma convivência a dois sem conflitos e da realização de seus desejos materiais. Além disso, a felicidade é incrivelmente independente de circunstâncias externas. Há pessoas ricas, saudabilíssimas, rodeadas pela família, que são mortalmente infelizes e pessoas paupérrimas, doentes, mesmo solitárias, que são felizes. Algo é certo: quem corre atrás da utopia da felicidade constante certamente se tornará infeliz. E a quem, durante a vida, não pára de caçar a riqueza material é garantido que permanecerá pobre.

A terapeuta holística da minha mulher talvez dissesse agora: "É isso. Precisamos saber soltar". E independentemente do quão esotérico isso possa soar — provavelmente esse é o segredo. Adnan Kashoggi sempre contava que se tornou rico porque podia se desprender do dinheiro, não porque tentava acumulá-lo. Quando era um jovem estudante nos Estados Unidos, não possuía nem um centavo, pois o pai — o médico particular do rei saudita — não queria sustentá-lo. Em Nova York, onde estudava, usou o pouco dinheiro que tinha para comprar o terno mais caro que encontrou e sentou-se no *lobby* do melhor hotel da cidade, o Waldorf Astoria, e esperou. Deu de gorjeta ao garçom os últimos 50 dólares que achou no bolso. Dessa maneira, chamou a atenção de um executivo, que se apresentou ao jovem e bem-vestido árabe e ofereceu-lhe um emprego, porque precisava de alguém de aparência distinta. Foi esse o início da ilustre carreira de Adnan Kashoggi.

Os psicólogos chamam esse comportamento de "intervenção paradoxal". A solução dos problemas está muitas vezes numa ação completamente surpreendente. Se existissem, por exemplo, apenas duas possibilidades para resolver uma situação, a "intervenção paradoxal" significaria percorrer um terceiro caminho, heterodoxo, talvez até disparatado. O famoso psicólogo Paul Watzlawick ilustrou com um caso real os efeitos curativos desse "soltar". A condessa do Tirol se mudou para o campo no século XIV para conquistar a região de Kärnten, mas o forte Hochosterwitz estava em seu caminho. Dessa maneira, as tropas da condessa começaram a habitual manobra do cerco. As coisas se estenderam, o inverno estava chegando, a condessa e, principalmente, as tropas estavam aos poucos perdendo a paciência. A atmosfera do forte também estava no seu ponto mais baixo. Por fim, o comandante do forte recebeu a notícia de que em toda a edificação só restara um boi e dois sacos de grãos para comer. Qualquer líder de exército entenderia isso como um sinal para a capitulação. Mas o comandante do forte deu uma ordem inacreditável: o boi deveria ser abatido e recheado com os sacos de grãos, e o conjunto deveria ser jogado por cima do muro. Como a situação parecia sem saída de qualquer ponto de vista, a ordem do comandante foi cumprida. O boi voou por cima do muro. Quando viram o boi, as tropas sitiantes ficaram confusas. Quem fazia algo assim deveria ter provisões para muitos meses. Então, a condessa encerrou o cerco e se retirou. O forte estava salvo.

Tanto Robinson Crusoé quanto Adnan Kashoggi e o comandante de Hochosterwitz destacaram-se por se manter em ação durante as situações sem saída, em vez de se lamentar. Se o truque de Robinson Crusoé, por exemplo, for usado em nossa situação econômica, poderemos chegar à conclusão de que, quando somos obrigados, é simples dispensar muitas de nossas supostas necessidades. Por outro lado, as necessidades que se mantêm, embora na realidade não possamos satisfazê-las, passam a ser percebidas como um luxo apenas nos tempos de economia compulsória. Não vai demorar muito para que cada lar alemão disponha de mais aparelhos elétricos do que uma aldeia búlgara média. Algumas coisas que até agora achamos ser indiscutíveis serão percebidas no futuro novamente como luxo. Coisas bem banais. O banho de banheira. A máquina de lavar louças. A viagem. Só iremos voltar a desfrutar de muitas coisas quando elas se tornarem raras.

O leitor atento já deve ter percebido que este livro não é dirigido àqueles que temem por sua subsistência por causa da nova situação econômica, mas às pessoas que precisam "pisar no freio". A maioria de nós pode levar uma vida decente, até luxuosa, com bem menos dinheiro do que dispúnhamos. Os cortes que somos obrigados a fazer podem — como eu espero ter mostrado — até aumentar nossa qualidade de vida substancialmente. Se conseguíssemos saber o que é exatamente "luxo" e o que é exatamente "pobreza", essas questões não mudariam nossa vida para melhor ou pior. Em *Liebe, Luxus, Kapitalismus* [ed. portuguesa: *Amor, luxo, capitalismo*, Bertrand, 1997], Werner Sombart escreveu: "Luxo é qualquer esforço que ultrapasse o necessário. Pelo visto, o conceito é relativo, e só apresenta um conteúdo palpável quando sabemos o que é 'o necessário'". Mas quem se habilita a defini-lo?

A única definição aproveitável na qual aparece esse "necessário" remonta ao grande economista Adam Smith. Em sua obra *A riqueza das nações* (1776) lemos: "Entre os bens essenciais à vida entendo não somente aqueles indispensáveis à sua manutenção, mas também as coisas que, sem elas, mesmo as pessoas das classes mais baixas não conseguem alcançar uma subsistência de acordo com os costumes do país. Uma camisa de linho, por exemplo, não é estritamente necessária à vida que gregos e romanos viveram, como imagino, de modo muito confortável e cômodo, embora não conhecessem o linho. Hoje em dia, entretanto, qualquer trabalhador respeitável na Europa iria se envergonhar se tivesse de aparecer em público sem uma camisa de linho".

A camisa de linho de 1776 pode ter correspondido em 1966 a um rádio e em 1986 a um televisor. E em 2007? A "camisa de linho" de Adam Smith é aquele bem do qual não precisamos para sobreviver, mas do qual necessitamos para não nos sentir isolados em nosso círculo social. O filósofo da economia indiano e ganhador do prêmio Nobel Amartya K. Sen deduziu, com base no exemplo da camisa de linho de Smith, que pobreza e riqueza não dependem tanto do dinheiro e dos rendimentos, mas são uma questão das *capabilities*, ou seja, das possibilidades de desenvolvimento de cada indivíduo. Elas não se esgotam na certeza de ter o suficiente para comer e uma cama para dormir ou um abrigo para o vento e a chuva; segundo Sen, incluem principalmente poder apresentar-se como membro aceito de uma comunidade. Quem não tem acesso às possibilidades de desenvolvimento social é pobre.

Dessa maneira, o conjunto de leis federais alemãs que versam sobre a assistência e bem-estar social, aprovadas em 1961 pelo Parlamento alemão, pode ser considerado bastante avançado, pois vinte anos antes de Sen criar seu conceito de pobreza essas leis já antecipavam a "totalidade" em relação a um tratamento simplesmente material. De acordo com o Direito alemão, o beneficiário de ajuda estatal não é alguém que vive de esmolas do governo, mas tem direito às possibilidades de desenvolvimento. Quando a pessoa não as alcança, é dever do Estado interceder. O parágrafo 1º da Lei Federal de Assistência e Bem-estar Social da Alemanha diz: "A tarefa da assistência social é possibilitar ao beneficiário a condução de uma vida condizente com a dignidade humana". Isso significa que o Estado precisa disponibilizar os bens que, embora não sejam necessários à sobrevivência, isolam o indivíduo da vida social em caso de falta, para todos aqueles que não conseguem alcançá-los de outra maneira.

O fato decisivo — e independente da questão sobre o "necessário" — é que existem bens cuja posse sinaliza certo *status*. Seria ilusório acreditar que é possível se livrar de quaisquer noções de *status*. Todos os indivíduos precisam de reconhecimento. Mas é animador saber que as coisas que emprestam *status* e reconhecimento a alguém mudam com o tempo. Na antiga Esparta, a reputação dependia de ser um bom guerreiro, atlético. Todo o resto não tinha importância. No final do século XIX, quando a burguesia se emancipou diante da sociedade feudal da época, as pessoas mostravam seu *status* na medida em que imitavam o estilo de vida da derrocada classe alta, construindo casas enormes e partindo para viagens longas. A nobreza empobrecida vendia seus palacetes nas cidades, que se transformavam em hotéis de luxo.

Agora, cem anos depois, há uma nova transformação em curso. Os passageiros de um avião, divididos em primeira classe, classe executiva e econômica, mostram claramente isso: na frente, na primeira classe, sentam-se as senhoras com maquiagem pesada demais e lábios estufados, vestidas de Versace dos pés à cabeça; mais atrás, vêm os senhores com ternos da Hugo Boss e os cartões de milhagem, que tratam as aeromoças como propriedade particular e se acham no direito de agir assim, pois afinal viajam na executiva. Conseguimos achar pessoas razoavelmente educadas apenas na classe econômica. Embora uma minoria lá possa ser chamada de "elegante" no sentido clássico, ao menos esses passageiros não são tão vulgares como os da parte da frente do avião.

A grande estilista Elsa Schiaparelli dizia: "O luxo não está na riqueza ou na afetação, mas na ausência da vulgaridade". Hoje, vulgar é tudo o que cheira a dinheiro, e os únicos que supostamente ainda não entenderam isso são aqueles que acabaram de enriquecer. Ninguém pode afirmar com seriedade que um Oliver Kahn, com sua bolsa masculina Louis Vuitton, suas roupas de grife e suas estadas no hotel cinco-estrelas The Palace at the One & Only Mirage, em Dubai, seja um exemplo de estilo. Se queremos saber o que é vulgar atualmente, podemos nos orientar também pelo astro do futebol inglês Wayne Rooney e sua noiva Colleen McLoughlin: Rooney presenteou a moça com um anel de diamantes de 400 mil euros por ocasião do noivado; ela usa um Rolex que custa cerca de 30 mil euros e prefere as roupas de Missoni. Como o sol não brilha com tanta freqüência em Manchester, mas mesmo assim Colleen gosta de um tom de pele mediterrâneo, usa o *spray* autobronzeador da marca St. Tropez, 120 euros o tubo, o mais caro do mercado. Quando Wayne e Colleen estão em meio às compras em Manchester, alternam um Cadillac Escalade com tração nas quatro rodas com um Chrysler 300C V8. Percebemos a ausência do vulgar, o verdadeiro luxo então, mais facilmente em quem paga menos impostos ou naqueles que já têm dinheiro há algum tempo e já contam com bom gosto suficiente para abominar a riqueza ostentatória.

Além disso, as coisas que realmente dão prazer não são compradas com dinheiro. Nenhum seguro do mundo pode substituir a perda de um objeto de luxo de verdade: uma carta escrita à mão. Flores que não são importadas de um país qualquer, mas do jardim da casa de uma velha senhora, que às vezes nos permite colher um maço ali. Um perfume que não compramos na perfumaria, mas que é fabricado individualmente. Um móvel que o marceneiro executou seguindo nosso desenho. Um belo passeio solitário no parque. Um mergulho num lago num dia quente de verão. Um vinho que seu pai guardou quando fez 50 anos. Como meu amigo Carl Laszlo escreveu em 1960 em seu "Aufruf zum Luxus" [Manifesto pelo luxo], luxo é "ter tudo o que queremos ter e abdicar de tudo o que devemos ter". Um objeto produzido em série, uma noite numa suíte de hotel, um carro caro, tudo o que pode ser comprado e é promovido, por definição, já não pode ser considerado luxo.

Os pobres ricos, que ainda não entenderam que uma vida na abundância não é apenas cansativa e tediosa, mas também irremediavelmente fora de moda, merecem nossa compaixão por isso mesmo. Os empobrecidos, por sua vez, fazem parte da vanguarda — afinal, todos nós, realmente todos, logo estaremos visivelmente mais pobres do que agora. Quanto antes aprendermos a lidar com isso de maneira elegante e descontraída, menos preocupações teremos. Apenas aqueles que mantêm necessidades que não são compráveis poderão permanecer ricos. Felizmente, não precisamos abrir mão das coisas mais bonitas da vida quando nosso saldo é baixo.

Aquilo que faz valer a pena viver não diminui apenas porque temos menos dinheiro. Independência interior, por exemplo, nunca foi uma questão de rendimento. Ou cultura. Ou gentileza. Um tio meu, cujos pais perderam suas posses depois da guerra, partiu para uma carreira na hotelaria. Começou como garçom e, em algum momento, tornou-se diretor do hotel. A única constante em sua vida era uma gentileza, em minha opinião, às vezes espantosa. Certa vez ele ofereceu um jantar em sua casa, no qual serviu aspargos. Um dos convidados era da Austrália e não estava familiarizado com os usos e costumes da Europa. Ao lado dos pratos havia tacinhas com água e uma fatia de limão em cada uma. Elas serviam para lavar os dedos depois da degustação dos aspargos. Seu convidado não sabia disso e tomou dessa taça, fazendo os outros balançarem a cabeça sem entender nada. Meu tio reagiu imediatamente e também levou sua tacinha à boca, a fim de que o homem não tivesse a impressão de que tinha cometido uma gafe.

Gentileza, amabilidade, simpatia, disponibilidade para ajudar, coisas que fazem a vida ficar agradável podem ser multiplicadas ao infinito e independem totalmente de aspectos materiais. Felizmente isso se aplica a todas as virtudes. Ao contrário de leis morais, que sempre são finitas porque se baseiam num "Não faça isso" e "Não faça aquilo" e são cumpridas quando deixamos de fazer ou evitamos uma ou outra coisa, as virtudes têm a vantagem imbatível de ser infinitas. Não é possível amar, acreditar, ter esperanças demais. E também nunca ouvimos falar de alguém inteligente demais, corajoso demais, justo demais ou moderado demais. Em tempos de escassez, devemos lidar de maneira muito generosa com as virtudes, sem nos preocupar com o esbanjamento.

Talvez agora, na época da escassez, algumas virtudes que saíram de moda nos tempos da abundância possam comemorar seu retorno. O esgotamento das fontes e a diminuição da prosperidade não precisam terminar na guerra por restos, mas podem trazer uma conseqüência absolutamente inesperada para nós: nosso renascimento como indivíduos sociais. Os tempos nos quais podíamos delegar quaisquer responsabilidades sobre nossos semelhantes a instituições abstratas acabou. E, apesar do tamanho desconforto criado pela crise econômica, esse é seu lado bom.

Quando as pessoas dependem de ajuda umas das outras, desenvolvem capacidades humanas há muito esquecidas. Toda crise real nos mostra isso. A crise pela qual estamos passando agora pode acabar sendo o que melhor nos poderia ter acontecido.

Este livro foi impresso pela Gráfica Edelbra,
em papel *offset* 75 g.